Constitucionalismo em Tempos de Globalização

Coleção **Estado e Constituição**

Organizadores
Jose Luis Bolzan de Morais
Lenio Luiz Streck

Conselho Editorial
Jose Luis Bolzan de Morais
Lenio Luiz Streck
Rogério Gesta Leal
Leonel Severo Rocha
Ingo Wolfgang Sarlet

Conselho Consultivo
Andre-Jean Arnaud
Wanda Maria de Lemos Capeller
Jorge Miranda
Michele Carducci

J94c   Julios-Campuzano, Alfonso de

Constitucionalismo em tempos de globalização / Alfonso de Julios-Campuzano; trad. Jose Luis Bolzan de Morais, Valéria Ribas do Nascimento. – Porto Alegre: Livraria do Advogado Editora, 2009.

117 p.; 21 cm. – (Estado e Constituição; 9)

ISBN 978-85-7348-678-0

1. Direito constitucional. 2. Teoria do estado. I. Título.

CDU – 342.4

Índices para o catálogo sistemático

Teoria do estado   342.2
Direito constitucional   342.4

(Bibliotecária responsável: Marta Roberto, CRB-10/652)

Estado e Constituição – 9

ALFONSO DE JULIOS-CAMPUZANO

CONSTITUCIONALISMO EM TEMPOS DE GLOBALIZAÇÃO

TRADUÇÃO
Jose Luis Bolzan de Morais
Valéria Ribas do Nascimeno

livraria
DO ADVOGADO
editora

Porto Alegre, 2009

© Alfonso de Julios-Campuzano, 2009

Capa, projeto gráfico e diagramação
Livraria do Advogado Editora

Revisão
Betina Denardin Szabo

Direitos desta edição reservados por
Livraria do Advogado Editora Ltda.
Rua Riachuelo, 1338
90010-273 Porto Alegre RS
Fone/fax: 0800-51-7522
editora@livrariadoadvogado.com.br
www.doadvogado.com.br

Impresso no Brasil / Printed in Brazil

Apresentação

Depois de mais de cinco décadas de evolução do novo constitucionalismo ou do chamado neoconstitucionalismo, é possível a verificação de alterações significativas comparativamente ao modelo anterior, denominado de constitucionalismo moderno, iniciado ainda no final do século XVIII. Atualmente, identificam-se novos desenvolvimentos teóricos, elaborados em defesa do fortalecimentos dos direitos e garantias fundamentais, prevalência dos princípios em detrimento da regras, bem como atuação efetiva das jurisdições constitucionais. No entanto, igualmente, neste período, ocorreu o fortalecimento e a expansão e complexificação das interações socias e, sobretudo, das relações econômicas, como a migração de matérias primas, serviços, bens, recursos financeiros, informações, conhecimentos especializados, etc., o que levou à diminuição da capacidade decisória e impositiva dos Estados até a aparição de novas configurações geopolíticas, evidenciado sob o fenômeno da(s) globalização(ões).

O presente livro de Alfonso de Julios-Campuzano é revelador de que o constitucionalismo atual, marcado pelo contexto da globalização, deve ser percebido através de uma outra perspectiva, não mais sob os holofotes do positivismo legalista, mas sim como fruto de uma convergência de tradições constitucionais, voltadas à implementação das normas constitucionais de alto cunho social e com um amplo sistema de garantias.

Além disso, este livro tem o mérito adicional de desenvolver alternativas para a sobrevivência do constitucionalismo, enquanto compromisso axiológico substantivo. Ademais, afirma que diante dos complexos ordenamentos jurídicos estatais, reivindica-se o papel das Constituições com ênfase a interdependência e cooperação. Enfim, o projeto de Constituições cosmopolitas tem como objetivo assegurar a plena realização dos direitos humanos.

Dessa forma, "Constitucionalismo em tempos de Globalização" vem preencher uma lacuna na atual bibliografia especializada sobre a matéria, posto que trata em conjunto de duas grandes temáticas, atentando para o viés do direito internacional dos direitos humanos, e, ao mesmo tempo, abre caminho para outros estudos sob aspectos distintos das vastas concepções que giram em torno do cosmopolitismo.

E, por isso mesmo, tal obra contribui para o debate proposto pela Coleção Estado e Constituição, a qual se propõe a oferecer ao leitor reflexões inovadoras para o enfrentamento dos dilemas que afetam as estruturas político-jurídicas contemporâneas.

Boa leitura!

A Organização

Sumário

Capítulo I – Do estado legislativo ao estado constitucional:
o apogeu do estado de direito 9
1. O constitucionalismo na era do positivismo legalista 9
2. O Estado Constitucional como convergência de tradições
   constitucionais 22
3. Dimensões do constitucionalismo contemporâneo 29
   3.1. A rematerialização da Constituição 30
   3.2. A dissociação entre vigência e validade 35
   3.3. A aposta por modelos constitucionais rígidos 36

Capítulo II – A passagem do estado social ao estado constitucional no
contexo da globalização 41
1. No olho do furação: proliferação normativa e racionalidade do
   ordenamento 41
2. O Estado Constitucional e o fim do legicêntrismo 45
3. Pluralismo jurídico, interdependência e Constituição 52
4. A dimensão garantista da Constituição no tempo da globalização 61
5. Da assepsia ao compromisso: o dilema da Ciência do Direito 66
6. A propósito da legitimidade: a Constituição como regra de
   reconhecimento 73

Capítulo III. Globalização e constitucionalismo cosmopolita 83
1. Pluralismo jurídico e globalização 83
   1.1. As novas instâncias de regulação 85
   1.2. As forças anônimas do mercado global 86
   1.3. Obscuridade do Direito e descentralização normativa 89
2. A crise do Estado e o enfraquecimento da ordem constitucional 92
3. A Constituição como compromisso cultural 99
4. O Estado Constitucional Cooperativo e a identidade cosmopolita 103

Referências 113

Capítulo I

Do estado legislativo ao estado constitucional: o apogeu do estado de direito

1. O constitucionalismo na era do positivismo legalista

A evolução do Estado de Direito desde sua aparição no século XIX experimentou transformações que não passam incólumes à filosofia jurídica contemporânea e que atingem diretamente a própria configuração do Direito, alcançando, em consequência, o paradigma jurídico dominante, a teoria do direito e o modelo de ciência jurídica. O século XX foi testemunha de catástrofes colossais, de enormes cataclismas responsáveis pela modificação nas bases morais da civilização, emocionada pelo impressionante cenário de ódio e guerra, de destruição e morte que o funesto apogeu fascista desencadeou. Assim, não foi ao acaso, a reação que o pensamento e a cultura jurídica europeia experimentaram depois do fatal desastre. Não seria afortunado, nem verdadeiro atribuir às transformações que o Estado de Direito sofreria, nos anos imediatamente subsequentes à Segunda Guerra Mundial a uma casual coincidência cronológica, por considerá-lo fruto de uma eventualidade puramente conjuntural. Por tudo isso, não se pode julgar casual, que, justamente depois da catástrofe, constate-se a insuficiência institucional e jurídica do modelo baseando no Estado de Direito, e, passe-se a adquirir consciência de sua extraordinária fragilidade para promover instrumentos teóricos aptos a combater os efeitos demolidores do formalismo jurídico sobre a estrutura do Estado de Direito.

Constitucionalismo em tempos de globalização

Com efeito, depois do desastre totalitarista do século passado, o pensamento jurídico europeo, profundamente afetado por tão abominável disputa e por episódios dramáticos de negação dos direitos humanos, sentiu necessidade de mexer nas entranhas do velho e injuriado direito natural, para superar o pesadelo de um formalismo jurídico que propiciou a identificação estreita entre validade e justiça, mediante a redução do universo da juridicidade ao direito positivo. Após o apogeu do positivismo legalista, a exaltação cientificista do Direito como um objeto axiologicamente neutro e a proclamação do caráter estritamente descritivo do conhecimento jurídico, fazia-se necessário recuperar a dimensão valorativa do Direito para restabelecer, de alguma maneira, aquela ligação estreita que, nas origens da modernidade, preconizava o jusnaturalismo racionalista, inserindo o direito no horizonte da justiça, da liberdade, da igualdade e da dignidade humana, valores vinculados diretamente com os direitos humanos, cujas primeiras declarações promulgaram-se no ambiente cultural da ilustração.

Esse contexto cultural compõe as bases do Estado de Direito, através de sucessivas contribuições teóricas que consolidariam a limitação do poder do Estado, a consagração do princípio da soberania popular, a regra da maioria e a eleição dos governantes mediante um sistema de democracia representativa, a separação de poderes, a garantia dos direitos civis e políticos, o princípio da legalidade e a segurança jurídica. Ainda, o Estado de Direito como construção teórica foi iluminado pela ciência alemã do direito público, sob a perspectiva do positivismo jurídico que dominava a Europa do século XIX – especialmente depois das contribuições de Von Habitem e Von Mohl que foram os pais da fórmula *Rechsstaat –*, seus principais fundamentos teóricos possuem suas raízes no jusnaturalismo racionalista, no contratualismo, na tradição liberal-democrática e nas decisivas contribuições que a ilustração legou à humanidade.

É sabido, no entanto, que o Estado liberal de Direito representou as aspirações políticas da burguesia, que buscava consolidar em nível político o poder que já ostentava em outras esferas da vida, servindo-se para isso: a) em nível político, da ideologia liberal que, sutilmente manipulada pela nova classe social emergente, perdeu sua marca emancipatória e revolucionária para vincular-se aos interesses econômicos como o liberalismo arraigado e decadente;[1] e b) no âmbito jurídico, do positivismo legalista, que levou ao abandono dos conteúdos jusnaturalistas de tradição liberal contratualista, o monopólio da produção jurídica por parte do aparato estatal, a consagração do princípio da legalidade, a onipotência da lei e a primazia do poder legislativo, função que, na prática, ficou confiada a burguesia, que tinha a disposição um modelo de representação política baseada no sufrágio censitário e, por último, a identificação entre justiça e validade em função da qual todo direito válido, era por si mesmo legítimo. Esta concepção puramente formal da democracia e dos direitos se sustentou nas construções teóricas da ciência jurídica do positivismo legalista através das contribuições dos principais líderes da ciência alemã do Direito Público, cujos mais importantes representantes – juristas da altura de Gerber, Thoma, Laband e Jellinek – elaboraram uma sólida rede conceitual e um arsenal de categorias jurídicas que consagraram uma concepção estritamente descritiva da ciência do Direito: a neutralidade científica do direito buscava a purificação total dos juristas, cientistas e outros operadores, na construção do conhecimento jurídico, cuja pureza radicava, precisamente, na exclusão radical de toda sorte de valoração de seu objeto do conhecimento, uma ciência jurídica descritiva, alheia a juízos de valor sobre o direito e sobre seus conteúdos substantivos de justiça, veio assim a brindar definitivamente esse novo paradigma jurídico do Estado de Direito diante da tosca e vã pretensão de contaminar o Direito com exigências axiológicas externas ao próprio sistema jurídico, processo que culminaria com a assimilação dos direitos fundamentais, como categorias estritamente formais através de sua identificação como direitos públicos subjetivos: um eficaz instrumento conceitual apto para afirmar definitivamente os direitos humanos no marco de relações jurídicas de direito público, regidas estritamente pelo princípio da legalidade.

Em suma, o abandono do jusnaturalismo pela irrupção do *paradigma cientificista do direito* constituiu um hiato decisivo

---

[1] Dessa forma, consuma-se o que Peces-Barba denominou "la presentación farisaica del viejo pensamiento liberal revolucionario", convertido ya en "cínica representación de los desnudos intereses de la burguesía" y en "liberalismo instalado y decadente". Ver: PECES-BARBA, G. Socialismo y libertad. In: *Libertad. Poder. Socialismo*. Madrid: Civitas, 1978, p. 148.

Constitucionalismo em tempos de globalização

na configuração dessa nova ordem jurídica. Desprovido de exigências axiológicas materiais, o direito é reduzido ao poder, e a realização das normas jurídicas acaba por se formar pela divisão do poder social entre aqueles que podiam chegar até ele. O igualitarismo jurídico expressou-se no reconhecimento puramente formal da igualdade de todos os cidadãos perante a lei; com isso, permaneceu comprometido com a preservação de uma ordem social e econômica que se baseava sobre o reconhecimento explícito da desigualdade entre as classes sociais.[2] E tudo isso, partindo da exaltação de um conhecimento objetivo, ascético e neutro,[3] de fato, era isso que se proclamava e resultava ser ideológico, bem como comprometido com a preservação de um determinado *statu quo* econômico-social.

---

[2] Como evidenciou Giovanni Tarello, a ideologia igualitária, ao estar modelada em um puro igualitarismo formal, permaneceu reduzida a um instrumento técnico de simplificação dos sistemas jurídicos já que esta igualdade não significou outra coisa que unicidade do sujeito jurídico. Com isso, não se aboliam as diferenças subjetivas, mas sim eram deslocadas aos predicados jurídicos, mantendo formalmente a igualdade dos sujeitos de direito. Consumava-se, assim, a ficção de um direito igualitário em concubinato com uma ordem social e econômica iníqua *"El código civil se estructuró sobre el sujeto jurídico único, y transportó las diferencias subjetivas predominantemente en aquel predicado jurídico que es la capacidad de actuar, esto es, de producir efectos jurídicos mediante la voluntad: todos son iguales como sujetos, pero algunos no tienen o no tienen sin la ayuda de otro ... la capacidad de actuar. ... El código penal se estructuró sobre el sujeto único...; las diferencias que persisten – y son muchas – se deslizan en los predicados bajo la forma de atenuantes y agravantes de la acción objetivamente descrita".* In: TARELLO, G. *Cultura jurídica y política del derecho.* México: Fondo de Cultura Económica (etc.), 1995, p. 50-51.

[3] Kelsen apresenta a esquematização mais acabada do positivismo formalista e, como consequência, a defesa da neutralidade da ciência do Direito que, em seu *Reine Rechtslehre*, perfila-se como um sistema autônomo, exclusivamente normativo, que exclui do âmbito do jurídico os valores como próprios da ética, da sociologia ou de outras ciências humanas ou sociais. Este é, sem dúvida, o grande equívoco do positivismo: como pode conceber-se o direito no estado puro, alheio a valores, à sociedade, a seus princípios e crenças? Ollero, ao abordar a teoria kelseniana, questiona-se sobre a mesma pergunta: *"Pero ¿es realmente posible que una teoría jurídica sea "neutral"? Kelsen hereda toda la temática weberiana sobre la asepsia valorativa en las ciencias sociales e intenta darle cumplimiento. En las ciencias físicas, la peculiar relación sujeto-objeto parece hacerlo viable; en las "humanas", sin embargo, nos parece que sólo un reduccionismo físico lo posibilitaría: un sicólogo será "neutral" en la medida en que neutralice el objeto de su estudio, que deja de ser el hombre para quedar reducido a una sección parcial del mismo. De actuar así, la teoría pura daría paso a una "ideología" (falseamiento de la "realidad") científico-cortante, disponible como instrumento al servicio de la clase dominante de un orden social liberal. Al examinarse la posible asepsia de la teoría pura es todo el positivismo científico-social el que acaba sentado en el banquillo".* In: OLLERO TASSARA, A. *¿Tiene razón el derecho? Entre método científico y voluntad política.* Madrid: Congreso de los Diputados, 1996, p. 157-158.

O trabalho da dogmática jurídica fica diretamente associado à exegese legal, conforme os postulados essenciais de uma ontologia jurídica positivista em função da qual, somente, se considera direito o promulgado pelo Estado. Os princípios da unicidade, estatalidade e racionalidade conformam assim o tripé ideológico sobre o qual descansa a ciência do Direito: apenas existe um poder centralizado com capacidade para produzir direito que é, justamente, o Estado como ator único da ordem jurídico-política. Por outro lado, esse direito produzido pelo Estado considera-se racional, porque é produzido em virtude dos critérios de validação das normas jurídicas estabelecidos pelo próprio ordenamento. Dessa identificação estreita entre unicidade, estatalidade e racionalidade será fácil concluir pela ligação com um quarto princípio, o da legitimidade, permitindo-se postular, segundo um raciocínio dotado de inequívoca matriz tautológica, que a legitimidade não procede de nenhum fator metajurídico, pois somente é legítimo o direito do Estado, por ser o único direito, estatal e racional.[4]

Configura-se, assim, um constitucionalismo frágil cuja característica distintiva é o predomínio de uma racionalidade formal que se manifesta, fundamentalmente, no estabelecimento de *Constituições flexíveis*[5] que vêm a corroborar com a supremacia da lei como fonte do direito e a onipotência do legislador que aparece, dessa forma, dotado de faculdades dominadoras da or-

---

[4] Para Coelho, os pressupostos ideológicos do positivismo legalista e da dogmática jurídica são os da unicidade – o direito é somente um; não existe outro direito que não o direito positivo –; estatalidade – o único direito positivo é o promulgado pelo Estado – e racionalidade – o direito é objetivamente racional já que, enquanto produto de uma elaboração científica, concretiza-se em uma estrutura analítica objetiva cuja racionalidade é imanente, independentemente de quais sejam seus conteúdos –, que constituem um tripé ideológico sustentando um quarto princípio, o da legitimidade. Segundo este, o direito é considerado legítimo não em função de algum fator metajurídico, mas sim simplesmente porque é um único direito, estatal e racional. Esta concepção, nas palavras de Coelho, resulta em uma tautologia: o direito é legítimo porque é o direito e o direito é o direito porque é legítimo. In: COELHO, L. F. *Teoria Crítica do Direito*, 2. ed. Porto Alegre: Sergio Antonio Fabris, 1991, Capítulo IX, epígrafe IV.

[5] Nota da tradução: Deve-se esclarecer que o qualificativo *flexível* não está relacionado com a clássica distinção estabelecida por Lord Bryce – na qual Constituição rígida seria aquela que não poderia ser alterada como uma lei ordinária, demandando um processo mais complicado, e Constituição flexível, aquela que não exigiria nenhum requisito especial para reforma, sendo alterada como uma lei comum –, mas sim refere-se à fragilidade da própria força normativa das Constituições, já que estas estariam submetidas à vontade do poder legislativo e, com isso, das maiorias políticas circunstanciais.

Constitucionalismo em tempos de globalização

ganização social. Este constitucionalismo se inspira num modelo voluntarista que coloca sua ênfase na representação política de indivíduos iguais, titulares de direito. A Constituição vem concebida como pacto político que institui o governo e cuja base é o mandato conferido pela nação que fixa as competências dos órgãos políticos. O aspecto principal deste modelo, que deriva da Revolução Francesa, é a supremacia do legislador dentro do esquema baseado na separação de poderes.[6]

A Constituição é um marco de referência cuja continuidade e eventual modificação permanece, em todo caso, submetida ao arbítrio do legislador. Ademais, a Constituição é concebida como um marco jurídico eminentemente procedimental, orientada ao estabelecimento de regras de organização do poder, cuja virtualidade envolve, essencialmente, a criação de uma ordem institucional para a organização do Estado, a distribuição de competências entre os diferentes poderes e o estabelecimento de normas de produção jurídica, cuja validade vem delimitada por parâmetros formais de competência e procedimento que determinam a adequação constitucional das normas vigentes. A mera produção normativa, conforme os critérios formais estabelecidos na Constituição, garante a validade do direito vigente. Estabelece-se, assim, a identificação da validade das leis com sua positividade.[7]

O Estado liberal de Direito se edifica, portanto, sobre um modelo constitucional flexível, facilmente modificável pelo legislador, já que à Constituição não se reconhece uma categoria supralegal, mas sim permanece como norma primeira do ordenamento, submetida à vontade do legislador, cuja atuação é disciplinada somente pelo aspecto formal: é o legislador quem, em última instância, decide sobre a modificação da Constituição que, ao final, está revestida sob a forma de uma simples lei, desprovida de mecanismos especiais de proteção que dificultem sua reforma. Na concepção oitocentista da Constituição, o legislador fica investido como único ator da produção normativa, rompendo, assim, o paradigma jurisprudencial do direito pré-moderno que vigorava até então, no qual as normas se moldavam através de um

---

[6] REBUFFA, G. *Costituzioni e Costituzionalismi*. Torino: G. Gioppichilli, 1990, p. 33-34.

[7] FERRAJOLI, L. *Epistemología Jurídica y Garantismo*. México: Fontamara, 2006, p. 260.

dilatado processo histórico de seleção e acumulação de natureza fundamentalmente jurisprudencial.[8] As Constituições do século XIX expressam uma determinada cultura jurídica e política que deriva, diretamente, do legado cultural da Revolução Francesa e dos pressupostos de racionalidade, ordem e sistematicidade que, iluminados pelo jusnaturalismo racionalista, constituíram a base sobre a qual se edificaria o corpo teórico do positivismo legalista. A Constituição se apresenta, portanto, como um ato de vontade do legislador expressado em um documento escrito e vem entendida como forma de organização dos poderes do Estado; a norma fundamental que contém os elementos essenciais de seu ordenamento jurídico, condição que lhe outorga o caráter de documento jurídico essencial à sociedade e ao ordenamento jurídico, isto é, a identificação do Estado como ator único da produção jurídica, é um elemento crucial da concepção jurídica dominante neste primeiro momento do constitucionalismo.

Pelo exposto até o momento, pode-se inferir que esse Estado de Direito que se submete ao princípio da legalidade é, ao mesmo tempo, um Estado *precário* de Direito, na medida em que se registram carências que põem em destaque a insuficiência do modelo teórico sobre o qual ele se sustenta:

1. Em primeiro lugar, produz-se uma identificação, já mencionada, entre legalidade e legitimidade que é consequência da redução de todo o direito ao direito do Estado que, por razão de sua origem, pressupõe-se legítimo;

2. Em segundo lugar, o modelo teórico do positivismo legalista – o paradigma cientificista do direito – baseia-se sobre a sacralização da lei que se converte, por meio de sua indeclinabilidade normativa, no grande *tótem* da nova cultura jurídica. A lei é a fonte do Direito por antonomásia: porque é o direito criado pela razão humana, que não vem imposta por nenhuma ordem metafísica anterior ao poder soberano da rousseauniana *volonté générale*, que não constitui derivação normativa de nenhuma ordem objetiva, eterna e universal, porque, em suma, a lei é a expressão da vontade de um poder investido da faculdade de ditar normas conforme um procedimento estabelecido para isso, um poder que foi escolhido democraticamente para desempenhar o

---

[8] REBUFFA, G. *Costituzioni e Costituzionalismi*. Torino: G. Gioppichilli, 1990, p. 49.

Constitucionalismo em tempos de globalização

trabalho de criação do direito e que opõe, diante do valor traumatúrgico da tradição, expresso no costume e frente a um direito de caráter eminentemente jurisprudencial, o valor da racionalidade humana que subjuga a criação legislativa realizada através de um procedimento que pretende excluir a arbitrariedade e assegurar a racionalidade. Esta supremacia da lei fica idealizada, na opinião de Fioravante, no dogma liberal-estatalista da força absoluta da lei,[9] e se traduz na onipotência e autonomia do legislador que representa a vontade da maioria, vontade irresistível, portanto, que expressa a natureza democrática do poder que somente submete-se as regras formais de validação normativa estabelecidas na Constituição.

Na concepção do positivismo legalista a exclusividade da produção jurídica pertence ao Estado que, ao proclamar o monopólio de todo o direito, confere à lei a categoria de fonte do direito por excelência, dotada de força absoluta sobre qualquer outra normatividade. E a Constituição não faz senão ratificar esta concepção teórica subjacente sobre a qual descansa toda a ordem jurídica. O constitucionalismo do positivismo oitocentista é um *constitucionalismo frágil* que se limita a estabelecer o esquema básico da ordem política e de suas instituições, atribuindo competências e determinando procedimentos, um constitucionalismo das *regras do jogo*, dos limites que não podem ser ultrapassados, dos direitos que não podem ser transgredidos, um constitucionalismo *de mínimos* que estabelece um marco de convivência baseado na autonomia dos indivíduos nas esferas social e política.

O constitucionalismo liberal se materializa no conjunto de preceitos de caráter supralegal destinados essencialmente ao legislador e às demais instituições do Estado a quem se vincula diretamente, mas a Constituição como norma possui um caráter *supralegal*: está sobre a lei, mas não é a lei, sua força normativa é uma força mediada pela própria lei, que adquire proporções de forças da natureza na medida em que seus conteúdos ficam incorporados à lei. Nesse sentido, a Constituição carece efetivamente de força normativa porque seus efeitos não se produzem *imediatamente;* mas sim sua eficácia é *mediata.* A efetividade da Constituição depende do legislador. Portanto, pelo velho

---

[9] FIORAVANTI, M. *Los derechos fundamentales*: apuntes de historia de las constituciones. Madrid: Trotta, 1996, p. 128-129.

esquema do positivismo legalista, a Constituição não era uma verdadeira norma jurídica que vinculava a todos os cidadãos e que regia todos os âmbitos da vida social, mas sim uma norma *sui generis* de alcance limitado, uma norma fundante da ordem jurídica, uma norma básica da ordem política, mas nada mais que isso: uma norma carente, sem maiores pretensões que a de *constituir*, a de fundar, a ordem política sobre a qual repousa o sistema jurídico.

Nas Constituições oitocentistas estabelece-se, assim, uma dialética da complementariedade entre poder constituinte e democracia, que se traduz na sacralização da lei, cuja supremacia não se vê em nenhum momento ameaçada pela Constituição, porque esta, ao fim e ao cabo, é somente uma lei de alcance restrito, acessível ao legislador, uma norma de mínimos, de caráter eminentemente formal, uma norma flexível cuja estabilidade está condicionada à vontade democrática da maioria que é, resumidamente, quem legisla. Por isso, porque o poder da maioria não pode ser reduzido por um ato fundacional anterior, o poder constituinte não deve ficar enclausurado em uma norma suprema que corte a onipotência do legislador e a vigência efetiva do princípio democrático. A Constituição, por sua vez, fica nas mãos do legislador, submetida ao mutante jogo das maiorias e ao sempre instável equilíbrio das coalisões e dos interesses das partes. Desse modo, a Constituição encontra dificuldades irrecuperáveis para sua materialização no ordenamento jurídico, já que sua força normativa está profundamente condicionada pelo poder supremo do legislativo que representa a rousseuniana vontade geral que é, por si mesma, ilimitada. Esta ideia de poder constituinte que não pretende se esgotar nos estreitos confins de um documento jurídico faz com que o constitucionalismo se transforme em legalismo, ao atribuir o poder político de cada momento a faculdade de realizar ou de frustrar o que se reuniu na Constituição:[10] sua força normativa está irremediavelmente condenada a supremacia da lei, a onipotência do legislador e a eficácia *mediata* de seus conteúdos. A Constituição é presa a uma particular condição normativa como norma de direito público de caráter supralegal: está sobre a lei, mas não é a e lei, vincula o legislador, mas somente

---

[10] PRIETO SANCHÍS, L. *Justicia constitucional y derechos fundamentales*. Madrid: Trotta, 2003, p. 108-109.

a este e, em última instância, é o legislador quem decide a forma como irão se desenvolver as prescrições normativas estabelecidas na Constituição. Os limites, a organização política e administrativa que a Constituição estabelece referem-se diretamente ao legislador, que assume o conteúdo constitucional como uma lei fundamental, explicativa sobre o modo de exercer a soberania e a forma de governo.

Os grandes documentos constitucionais do século XIX são, fundamentalmente, regras sobre a organização dos poderes e a garantia dos direitos, somente proclamados nas Cartas constitucionais, que ficam reduzidas, por sua vez, em uma autolimitação da própria soberania.[11] O constitucionalismo do século XIX, como se apontou, certamente, revelava um processo de afirmação da soberania do Estado-nacional que é, por outro lado, era quem se autolimitava. Diante das fórmulas solenes contidas nas Declarações de inspiração jusnaturalista – julgadas agora fórmulas meramente retóricas ou manifestos programáticos-, que presidiam o fundamento dos direitos no estado de natureza e confiavam ao poder político sua tutela e garantia mediante um ato contratual de concorrência de vontades prévias à formação da ordem política; a Ciência do Direito público coloca, agora, um fundamento dos direitos e liberdades de matriz positiva, baseado exclusivamente no direito estatal. Já não é possível reconduzir o alicerce dos direitos ao clássico esquema contratualista do jusnaturalismo racionalista. Para os grandes juristas do direito público europeu, os direitos somente podem encontrar sua razão de ser no espaço inquebrantável da juridicidade positiva estatal que representa a única realidade jurídica existente. Por isso, os direitos dos indivíduos somente podem ser concebidos, se é o próprio Estado quem renuncia expressamente a uma porção de sua soberania para submeter sua atuação ao direito.

O grande paradoxo que decorre da supressão das referências jusnaturalistas – da desaparição da base jusnaturalista dos direitos, da redução da realidade jurídica ao âmbito do direito positivo e a consagração de seu monopólio por parte do Estado – somente poderia ser resolvido valendo-se da teoria da autolimita-

---

[11] REBUFFA, G. *Constituzioni...*, op. cit., p. 53-54; GRASSO, Pietro Giuseppe. *El problema del constitucionalismo después del Estado moderno.* Madrid: Marcial Pons, 2005, p. 54 ss.

ção do Estado formulada por Jellinek (a partir da consagração do dogma da personalidade jurídica do Estado) em seu *Sistema de direitos públicos subjetivos*: se o atributo do Estado soberano é o *imperium,* o próprio Estado pode autodeterminar-se e exercer sua soberania, submetendo-se a sua própria vontade e autolimitando-se. A autolimitação não é algo imposto, mas sim constitui um exercício volitivo do próprio Estado, pelo qual este adquire plena significação jurídica. Desse modo, a ideia de personalidade jurídica constitui o eixo da compreensão positiva clássica do direito e do Estado: é em função dela, precisamente, como o Estado se atribui a titularidade do poder que é arrebatada, da mesma forma, ao monarca e ao povo. O poder constituinte como fato fundante desaparece para dar lugar ao Estado como poder já constituído que é quem, em um ato de vontade plenamente livre, cede cotas de poder para reconhecer aos indivíduos um feixe de faculdades e direitos que lhe garantam um espaço de liberdade. Na medida em que o faz, o Estado adquire plena condição jurídica e se converte em Estado de Direito, submetido a uma legalidade que estabelece limitações ao Estado. Os direitos, em suma, não são anteriores ao direito positivo, mas sim, são justamente a consequência de uma determinada compreensão da juridicidade. Não é que a soberania nasça limitada, é que ela mesma se autolimita. As liberdades de conteúdo negativo devem ser compreendidas, portanto, como um exercício de autolimitação da soberania, daí que as liberdades políticas expressam a participação coletiva na própria soberania do Estado, que concede aos indivíduos a responsabilidade de escolher os governantes.[12]

A concepção teórica que dá suporte a este paradigma norteia-se pelo cientificismo que assimila o direito com realidade empírica ao modo das ciências naturais. Ao incorrer na tentação cientificista de considerar os fenômenos sociais e políticos como

---

[12] FIORAVANTI, M. *Los derechos fundamentales. Apuntes...,* op. cit., p. 110 e 118-119; DE VEGA, P. "Apuntes para una historia de las doctrinas constitucionales del siglo XX". In: CARBONELL, M. (comp.). *Teoría de la Constitución. Ensayos Escogidos.* 3ª ed. México: Porrúa-UNAM, 2005, p. 11-12: O dogma da personalidade jurídica do Estado não somente permite conceber o Estado como partícipe das relações jurídicas com os cidadãos e, portanto, sujeito de diretos e obrigações, mas também permite outorgar ao Estado, enquanto pessoa jurídica, o máximo poder, o poder supremo que Bodin batizara com o nome de soberania; sobre este mesmo assunto, ver também: RUBIO LLORENTE, F. "La constitución como fuente del derecho". In: CARBONELL, M. (comp.). *Teoría de la Constitución....* op. cit., p. 160-162.

fenômenos naturais, o positivismo terminou por equiparar o núcleo da ciência jurídica com as realidades regulares e constantes que constituíam o objeto de estudo das ciências naturais, as quais operam mediante leis universais, válidas para qualquer tempo e lugar. Deste lamentável erro epistemológico havia de se concluir que também no âmbito do direito era possível articular um sistema de validade universal.[13] Este enfoque implicou, necessariamente, uma atitude asséptica e neutral do jurista com respeito a seu objeto de conhecimento, não suscetível, portanto, de valoração. A realidade jurídica concebeu-se como um objeto alheio aos juízos de valor, e a Ciência do Direito, como um conhecimento meramente empírico de caráter essencialmente descritivo. A tarefa do jurista limitou-se, assim, à taxonomia, à classificação, à construção de categorias e às exegeses, permanecendo expressamente proscrita qualquer projeção valorativa sobre a normatividade jurídica.

A radical separação entre direito e moral postulada pelo positivismo comportou a exclusão dos juízos de valor do âmbito da juridicidade. O direito, enquanto realidade puramente empírica, ficou limitado à experiência sensível do direito positivo, único e estatal. E o conhecimento jurídico associou-se intimamente a esta realidade e aos pressupostos teóricos sobre os que descansava: exclusão do mundo dos valores do âmbito da juridicidade, confinamento da ciência jurídica ao âmbito do direito positivo, identificação da Ciência do Direito com as ciências empíricas de caráter descritivo e assimilação de seu objeto de estudos com as realidades do mundo físico, concepção sistêmica do direito positivo baseada na supremacia da lei como fonte do direito e nos princípios de unidade, coerência e plenitude. A racionalidade formal da ordem jurídica do positivismo legalista exibia-se, assim, como aposta durante o século XIX. O incerto caminho dos acontecimentos históricos, no entanto, não tardaria em evidenciar as grandes carências do positivismo legalista e de seu modelo constitucionalista frágil. A precariedade deste paradigma constitucional mostrou-se como uma evidência diante do descré-

---

[13] O positivismo jurídico optou por ignorar a polêmica que o pensamento germano havia entabulado entre as ciências da natureza e as ciências da cultura protagonizada, entre outros, por Windelband, Rickert ou Dilthey, baseando-se, para isso, nos desenvolvimentos antihegelianos de Stahl ou Schelling e pretendendo construir um sistema a-histórico com vocação de eternidade. In: DE VEGA, P. "Apuntes para una historia...", op. cit., p. 4-5.

dito do Estado mínimo e de sua escandalosa redução formalista dos diretos que, a partir de uma odiosa concepção abstrata do indivíduo, terminou por negar as exigências elementares de justiça que se abririam décadas mais tarde, sob a forma de direitos sociais. De outro lado, o lamentável episódio de totalitarismos do século XX veio a confirmar o estrondoso fracasso das brilhantes construções teóricas da dogmática jurídica.[14]

Transcorridas algumas décadas de domínio avassalador das teses positivistas, as grandes teses da dogmática jurídica começaram a ser ultrapassadas pelos acontecimentos históricos; aqueles momentos em que os paladinos da dogmática jurídica se obstinaram em ignorar, correndo o risco de que a pretendida validade universal de suas construções pudessem ser desmentidas pelos acontecimentos. Não tardou, certamente, em evidenciar-se a farsa de tão tosca pretensão científica: construir o direito à margem dos acontecimentos históricos e das transformações sociais, negar a interação entre as modificações sociais e a realidade jurídica e blindar o direito diante de uma experiência social essencialmente dinâmica e mutante. As reivindicações do movimento trabalhista, alentadas durante o século XIX pelas teses marxistas e auspiciadas pela social-democracia e pelas teses do liberalismo progressista, puseram de manifesto que o catálogo de direitos fundamentais não era uma obra fechada e acabada[15] e que os proclamas puramente formais do constitucionalismo liberal – concretizados nos direitos políticos ou de participação e em liberdades estritamente negativas que consistiam em um *não fazer* por parte do Estado – necessitavam do acréscimo dos direitos-prestação que permitiam a conquista efetiva de maiores doses de igualdade material e que se traduziam em um compromisso ativo do Estado na transformação da ordem social e na remoção de obstáculos que impediam o exercício efetivo das liberdades. Diferente do *laissez faire* do Estado liberal e seu modelo de abstenção na esfera econômica, ao Estado social de Direito

---

[14] DE VEGA, P. "Apuntes para una historia…, op. cit., p. 4 .

[15] Concorda-se com o professor Pérez Luño, para quem *"el catálogo de las libertades nunca será una obra cerrada y acabada"*. In: PÉREZ LUÑO, A. E. *Derechos humanos y constitucionalismo en la actualidad*: ¿continuidad o cambio de paradigma?. PÉREZ LUÑO, A. E. (ed.). *Derechos humanos y constitucionalismo ante el tercer milenio*. Madrid: Marcial Pons, 1996, p. 15.

foi atribuída a faculdade de intervir no terreno da economia para desenvolver políticas sociais.

2. O Estado Constitucional como convergência de tradições constitucionais

O constitucionalismo contemporâneo surge como fruto da convergência entre duas tradições constitucionais diferentes que formam as bases do Estado Constitucional, modelo que se afirma com características próprias e que se concretiza com Constituições fortemente normativas dotadas de um amplo sistema de garantias. As Constituições contemporâneas deixaram de ser normas sucintas, para incorporar um amplo conteúdo substancial que aponta para um ambicioso programa de reforma social. E são, ao mesmo tempo, Constituições rígidas, vedadas ao insaciável expansionismo do legislador que teve de adequar suas funções aos princípios e diretrizes constitucionais, sob o olhar fiscalizador dos juízes.

Em oposição às Constituições do século XIX, que tomam a sociedade como um dado *a priori*, as Constituições passam a estabelecer um sólido caráter normativo, na medida em que se erigem como um modelo de transformação social. A Constituição se converte, assim, na referência central de um projeto coletivo de ação política que aspira reger efetivamente a atuação dos poderes do Estado, com objetivo de ordenar a materialização social dos fins contidos na Carta Maior. Desse modo, a Constituição assume uma função eminentemente diretiva que se condensa em um catálogo de direitos e em uma articulação de corte marcadamente teleológico que pretende ordenar o curso da vida social e política conforme os preceitos que nela estão contidos. O constitucionalismo forjado sob os auspícios da tradição revolucionária francesa apresenta uma dimensão contratualista que, diferentemente do constitucionalismo britânico, perde seu estilo individualista para expressar-se, sobretudo, como totalidade que personifica um projeto coletivo: a nação se erige no elemento de referência desta nova ordem, na qual os interesses individuais ficam em segundo plano. A nação se prefigura como a titular do poder constituinte e seu trabalho vai mais além da garantia dos direitos naturais, para se conformar a um projeto coletivo de caráter político, *primando por metas a alcançar e fins subordinados* à ação do governo.[16]

Neste modelo, as Constituições buscam regular a realidade social, pois parte-se de uma rejeição efetiva do *statu quo* político-social, rechaço que é, precisamente, a base do fenômeno revolucionário que propicia o nascimento da Constituição. Essa é a dimensão essencialmente revolucionária do poder constituinte como um poder continuamente atuante que, fulcrado em uma concepção rousseuniana da vontade geral, propicia que o texto constitucional permaneça aberto, portanto, à causalidade das alterações políticas, das preferências e interesses dos grupos majoritários. A tensão entre Estado de Direito e democracia se resolve, neste caso, a favor da segunda ao outorgar à maioria um poder onipotente que prevalece com frequência sobre o próprio texto constitucional. Aqui reside precisamente a principal fragilidade do constitucionalismo que surge da Revolução Francesa, já que, ao basear-se em uma concepção majoritária de democracia, esta se constitui em uma força motriz do poder constituinte que se projeta dinamicamente até o futuro.[17]

Esse permanente revisionismo termina por esgotar o espaço vital dos poderes constituídos.[18] A concepção revolucionária francesa debilita, dessa forma, o conceito de limite que norteia o Estado de Direito, concedendo o protagonismo decisivo ao elemento democrático representado pela vontade majoritária, a qual

---

[16] FIORAVANTI, M. *Los derechos fundamentales. Apuntes...*, op. cit.., p. 63-64. Este conceito de nação é, desde o início, um conceito ideológico, de caráter restritivo que representa uma marca inequivocadamente combativa. O conceito de nação implica a existência de um inimigo que se tem de vencer: a categoria dos privilegiados. Por nação deve-se identificar, portanto, o povo, os amigos da revolução, situação que, afirmada já desde o início da Revolução, ver-se-ia transformada, na fase jacobina, com a ampliação desmedida para os *inimigos do povo*, dando lugar a fase do Terror.

[17] FIORAVANTI, M. *Los derechos fundamentales*. Apuntes..., op. cit., p. 64.

[18] Ainda, esse abandono dos processos de reforma, que constitui uma proverbial causalidade do constitucionalismo inspirado no modelo pós-revolucionário francês, concentra sua mais destacada expressão na Constituição francesa de 1791, na qual se contemplaram mecanismos que puderam frear as vontades reformadoras de eventuais maiorias. Para isso, estabelecia-se como condição para a reforma, que três legislaturas coincidissem na necessidade de modificação, a qual seria efetuada mediante uma assembleia de revisão composta pelo legislativo e 249 membros. As Constituições posteriores, no entanto, deixaram de adotar esse tipo de precauções. In: ARTOLA, M. *Constitucionalismo en la historia*. Barcelona: Crítica, 2005, p. 7.

se traduz, em nível jurídico, na onipotência do legislador como representante dessa mesma vontade: a lei converte-se, assim, em elemento central da produção jurídica, e o legislador é elevado à categoria de artífice da nova ordem. Através da lei, o individualismo é modificado no sentido estatalista e todo o direito, em suma, vai possuir como ponto de referência a lei, já que esta se converte no elemento de mediação entre a Constituição e o ordenamento.[19] Daí, seu papel central e, também, a predominância do poder legislativo que carece de muros de contenção. Na tradição francesa, assim, a Constituição desempenha uma função essencialmente política e suas cláusulas ficam submetidas à mediação da lei, de modo que através desta evidencia-se a plenitude normativa do ordenamento jurídico. A lei é a principal protagonista e a verdadeira autora da ordem jurídica, a qual se subordina à própria Constituição. A tradição constitucional francesa passa, desse modo, para uma concepção acentuadamente legalista.[20]

O constitucionalismo norte-americano, por outro lado, põe à ênfase na garantia dos limites ao poder, renunciando abertamente a um modelo programático de Constituição. A dimensão normativa ou dirigente, característica das constituições derivas da Revolução francesa, para primar pela dimensão limitadora da Constituição. Diante do poder constituinte francês, que nasce para abolir o *Antigo Regime* e para modelar, em oposição, uma nova sociedade fundada nos valores que propugna a ideologia revolucionária –*liberté, egalité, fraternité* –, o poder norte-americano não aspira produzir alterações na ordem social, mas sim, estabelecer uma nova ordem política. Esta é, na posição de Fioravanti, a raiz da diferença entre as duas tradições: o constitucionalismo francês se constrói na relação de permanente oposição com o antigo regime, ao qual pretende substituir por uma nova ordem social e política que responda a determinados valores pre-

---

[19] FIORAVANTI, M. *Los derechos fundamentales*. Apuntes..., op. cit., p. 63.

[20] Prieto Sanchís refere que a primazia da lei supõe a permanência de um poder constituinte continuamente operante, símbolo do poder legislativo, o qual representa a ilimitada vontade geral rousseauniana. Esta situação dificultou muito a estabilidade dos textos constitucionais, que encontraram graves obstáculos para manter sua força normativa frente aos poderes constituídos; por isso, o constitucionalismo transformou-se em legalismo, atribuindo-se ao poder político de cada momento o poder de dispor, em seu mais amplo sentido, sobre o grau de cumprimento efetivo das cláusulas constitucionais. In: PRIETO SANCHÍS, L. *Justicia constitucional y derechos...*, op. cit., p. 109.

teridos pela sociedade estamental e o sistema de privilégios que a ela é inerente. A luta pelos direitos está associada, portanto, à luta contra a ignomínia e a injustiça, a ruptura definitiva com a velha ordem estamental e a superação dos vínculos corporativos que identificam o mandamento imperativo para construir uma nova ordem social. A Constituição representa, assim, um novo contrato social pelo qual os indivíduos adquirem a condição de cidadãos formalmente iguais e convencionam a criação de uma nova ordem, baseada em alguns pressupostos: *a)* nos pilares da vontade majoritária, *b)* no domínio ou supremacia do legislador como expressão da unidade do povo e *c)* no domínio da lei geral e abstrata como primordial fonte do direito.

A revolução norte-americana responde uma ruptura – ao vínculo com a metrópole e a submissão à coroa britânica – e evoca, também, um pacto social pelo qual se cria uma nova ordem política, mas aqui não é necessário abolir um antigo regime com pesadas cargas de injustiças e discriminações. Não se pode esquecer, no entanto, que a revolução norte-americana desencadeou um movimento emancipador vigoroso que se traduziria em uma ordem social integralmente nova baseada na superação das injustiças do anterior regime colonial, mas, seja como for, aqui não existe a urgente necessidade de derrotar o tirano, de desfazer as injustiças, de abolir abusos e desmandos para criar, desde a sua própria base, uma nova ordem social concebida a partir de premissas e princípios completamente opostos aos anteriores. O êxito da sociedade coletiva revolucionária francesa gira em torno da necessidade de um Estado forte que lute pela transformação. O componente essencial da revolução norte-americana gira em torno da desconfiança frente ao legislador, cujo poder ilegítimo vai mais além de seus próprios confins em um afã inexoravelmente invasivo e expansionista. O núcleo do constitucionalismo americano baseia-se precisamente na suspeita contra ao poder legislativo e na necessidade de estabelecer limites efetivos, operativos e sólidos diante da irresistível tentação da tirania da maioria e sua insaciável voracidade. Daí a inspiração antiestatalista e essa inclinação como dique de contenção que assumem os direitos e liberdades concebidos, sobretudo, como barreiras indestrutíveis ou parcelas de autonomia subtraídas do poder. A afirmação constitucional dos direitos fundamentais, substancialmente idêntica em ambos os casos, responde, assim, a motivações, exigências e condicionamentos radicalmente diferentes.[21]

O constitucionalismo estadunidense gira sobre a supremacia da Constituição, cujo valor normativo deve ficar a salvo da tentação expansionista do poder legislativo: a Constituição como verdadeira norma jurídica e vértice do ordenamento. A Constituição norte-americana se constrói, assim, sobre duas ideias fundamentais: por um lado, o conceito de limite do poder, que ocupa um lugar primordial na Carta Magna através da consagração dos direitos fundamentais e um sistema de equilíbrio de poderes – *check and balances*– que trata de debilitar sua eventual concentração. Esta acentuada dimensão limitadora do poder permitiu a autores como McIlwain e Matteucci asseverar que o constitucionalismo norte-americano representa o constitucionalismo moderno, já que procura a limitação do poder através do direito.[22] A dimensão garantista dessa tradição, por sua vez, concretiza-se na atribuição aos juízes do controle de constitucionalidade das leis, que tem sua origem na célebre sentença da Corte Suprema norte-americana, presidida pelo juiz Marshall, no caso *Marbury vs. Madison* de 1803. A partir desse momento, os juízes convertem-se nos autênticos guardiães da Constituição e assumem a missão, em primeiro lugar, de julgar a constitucionalidade das normas jurídicas e, portanto, sua coerência com as normas sobre produção de normas contidas na Constituição, e, em segundo lugar, de definir mediante a interpretação o sentido genuíno das cláusulas constitucionais. Essa é a grande novidade

---

[21] FIORAVANTI, Maurizio, *Los derechos fundamentales*. Apunte...,op. cit., p. 78 ss. Em resumidas notas, para o constitucionalista italiano, *se puede afirmar que la revolución francesa confía los derechos y libertades a la obra de un legislador virtuoso, que es tal porque es altamente representativo del pueblo o nación, más allá de las facciones o de los intereses particulares; mientras que la revolución americana desconfía de las virtudes de todo legislador – también del elegido democráticamente... – y, así, confía los derechos y libertades a la Constitución*, es decir, a la posibilidad de limitar al legislador con una norma de orden superior, p. 83; Sobre este mesmo aspecto do constitucionalismo americano, cita-se: REBUFFA, G. Costituzioni..., op. cit., p. 47 ss.

[22] McILWAIN, C. H. *Constitucionalismo antiguo y moderno*. Madrid: Centro de Estudios Constitucionales, 1991, p. 37; MATTEUCCI, N. *La Rivoluzione americana: una rivoluzione costituzionale*. Bologna: Il Mulino, 1987; do mesmo autor, MATTEUCCI, N. *Organización de poder y libertad; traducción de Francisco Javier Ansúategui Roig y Manuel Martinez Neira*. Madrid: Editorial Trotta, 1998.; Para uma perspectiva da evolução histórica do constitucionalismo, cita-se, também, entre outros: ARTOLA, M. *Constitucionalismo...*, op. cit.

do constitucionalismo americano: fazer da Constituição a verdadeira norma fundamental do ordenamento sobre o qual se erige como lei suprema e atribuir aos juízes a faculdade de invalidar toda norma contrária à Constituição, ainda que vinda do legislador.[23]

Dessa forma, no constitucionalismo norte-americo, a Carta Magna adquire a condição de verdadeira norma suprema do ordenamento, cujo protagonismo e centralidade como norma fundamental do ordenamento jurídico não é reduzida por nenhuma outra fonte do direito. Ao instituir a Constituição como norma suprema garantida, desaparece a mediação da lei como veículo através do qual a Constituição se explicita no ordenamento e aquela se converte em uma fonte do direito subordinada à Constituição. No modelo constitucional norte-americano, o legislador não ostenta um poder integral e irreprimível, mas sim fica submetido à Constituição, sendo sua atividade controlada pelos juízes. Diferentemente do constitucionalismo de origem francesa, o poder constituinte opera somente no momento inicial para submeter-se, logo, aos mecanismos regulados dos poderes constituídos, de maneira que a Constituição como norma fundamental adquire plenitude normativa uma vez promulgada. O momento constituinte não se projeta indefinidamente no tempo, recriando-se permanentemente através da atividade legislativa, mas sim aparece cronologicamente limitado. A Constituição se configura, então, como o conjunto de normas que assegura a convivência e o gozo da autonomia pessoal na nova ordem política cujas regras de organização institucional se encontram na norma fundamental. A tensão entre democracia majoritária e Estado de Direito resolve-se agora a favor deste último, que consegue impor sua lógica de limitação do poder diante da potencialmente opressora vontade majoritária. A rigidez constitucional, o sistema de equilíbrios e contrapesos, os direitos fundamentais e o controle de constitucionalidade das normas do ordenamento jurídico configuram um modelo constitucional no qual se garante a supremacia da Constituição como norma plenamente jurídica. O predomínio da função garantista, que constitui a nota distintiva desta tradição, outorga aos juízes um poder surpreendente derivado da aplicação direta, não mediata, das cláusulas constitucionais. Afirma-se,

---

[23] JIMÉNEZ ASENSIO, R. *El constitucionalismo.* Proceso de formación y fundamentos del derecho constitucional, 3. ed. Madrid: Marcial Pons, 2005, p. 99-100.

assim, a supremacia do direito sobre a política e limita-se o poder do legislador, que fica submetido à Constituição sob a atenta supervisão dos juízes. Desse modo, o constitucionalismo americano – que descansa sobre a ideia de supremacia constitucional e em sua garantia jurisdicional – se resolve em judicialismo.[24]

A tradição constitucional norte-americana, no entanto, renuncia à dimensão diretiva de que se revestia o constitucionalismo de origem francesa e declina da função transformadora e construtivista da ordem social e do desenvolvimento de um projeto coletivo de reformas. A função da Constituição é, portanto, muito mais simples e, pode-se dizer, mais modesta que a que se pretendia no constitucionalismo pós-revolucionário francês: dagora, não se trata de transformar a ordem social, de superar a sociedade estamental e de abolir uma ordem baseada em privilégios, para modelar uma nova sociedade conforme um projeto político desenhado na Carta Magna, mas sim de estabelecer as regras do jogo da nova ordem política, fixando um documento de mínimos cuja virtualidade consiste em criar espaços de liberdade – concebida como liberdade essencialmente negativa que se baseia nos direitos civis – que permitam o mais pleno exercício da autonomia individual mediante o desenvolvimento do próprio plano de vida pessoal e que consagra, assim mesmo, os direitos de participação política que asseguram o funcionamento democrático da nova ordem institucional. Diante do dirigismo estatalista do modelo francês, o constitucionalismo americano trata de reduzir ao mínimo a intervenção pública e aposta por uma sociedade autorregulada, em que as relações entre os sujeitos e os atores sociais confia-se à autonomia privada.[25] O modelo norte-americano se distingue, portanto, por uma concepção mais sucinta da Constituição derivada de uma renúncia aberta a função diretiva que se atribui à tradição constitucional francesa.

No constitucionalismo contemporâneo, gerado a partir do segundo pós-Guerra – obedecendo aquela definição de Matteucci que concebia o constitucionalismo como *técnica específica de limitação do poder com finalidade de garantia* – registra-se uma forte tendência à limitação do poder que se traduz em um reforço

---

[24] PRIETO SANCHÍS, L. *Justicia constitucional y derechos...*, op. cit., p. 108.

[25] REBUFFA, G. *Costituzioni...*, op. cit., p. 46.

da dimensão garantista e do conseguinte controle jurisdicional da Constituição por parte dos juízes: o legicentrismo das Constituições oitocentistas foi definitivamente superado. Vivemos em um contexto de pluralismo normativo que reclama a centralidade e a supremacia da Constituição. O atual paradigma constitucionalista une a esta dimensão garantista, derivada da tradição americana, uma inequívoca função diretiva que consagra a Constituição como projeto coletivo de transformação social, incorporando um denso conteúdo substantivo que confere às Constituições contemporâneas uma forte dimensão material. Convergem, assim, os elementos distintivos das tradições francesa e norte-americana. Por outro lado, a dimensão diretiva ou normativa do texto constitucional como norma que pretende modelar uma nova realidade social mais justa, mediante a introdução na Constituição de cláusulas materiais ou de conteúdo através de normas de princípios ou normas programáticas. A Constituição aparece, assim, inspirada por uma valente vocação transformadora que aspira conformar a ordem social ao extenso repertório axiológico que a constitui como verdadeiro projeto coletivo. De outro modo, o constitucionalismo contemporâneo assume, também, uma sólida dimensão garantista que se condensa na elaboração de documentos constitucionais rígidos, na subordinação do legislador à Constituição e na limitação da vontade majoritária, que atribui aos juízes o poder de resolver sobre a invalidade de qualquer norma que não se adapte às exigências materiais contidas na Constituição. Esta convergência das dimensões normativa e garantista faz da Constituição a norma suprema do ordenamento jurídico.[26]

3. Dimensões do constitucionalismo contemporâneo

Com frequência, indicou-se que o pensamento jurídico do pós-guerra registra um retorno do pensamento jurídico à conexão

---

[26] Sobre esta dupla dimensão do constitucionalismo contemporâneo, como *norma fundamental de garantia* e como *norma diretiva fundamental*, consultar: FIORAVANTI, M. *Los derechos fundamentales. Apuntes...,* op. cit., p. 127 ss. e PRIETO SANCHÍS, L. Neoconstitucionalismo y ponderación judicial. In: CARBONELL, M. (Org.), *Neoconstitucionalismo(s)*. 2. ed. Madrid: Trotta, 2005, p. 125 ss. que concebe a Constituição contemporânea como *Constituição normativa garantida.*

Constitucionalismo em tempos de globalização

entre direito e moral, fundando-se no esforço por restabelecer o vínculo entre ambas ordens normativas, reinserindo, com isso, o debate axiológico no âmbito da reflexão jurídica. Mais ainda, as novas contribuições da filosofia jurídica da época apontam até um retorno ou renascimento das teorias jusnaturalistas, talvez, justamente, como via de escape ao rígido formalismo que havia exibido o positivismo legalista anterior e que havia possibilitado a redução da justiça a validade – ao presumir-se a justiça do direito validamente produzido conforme as exigências formais de competência e procedimento estabelecidas no ordenamento – e a supressão, por conseguinte, de toda instância crítica do direito positivo – já que este, pelo mero fato de ser, se pressupõe justo. O constitucionalismo do pós-guerra assume, por consequência, a necessidade de reforçar o caráter jurídico da Constituição em vários sentidos:

3.1. A rematerialização da Constituição

Em primeiro lugar, incorporando critérios materiais de justiça às regras de produção normativa estabelecidas na Constituição, de modo que a validade adquire, a partir de agora e de maneira progressiva, uma dimensão substancial – não isenta, por certo, de um árduo debate teórico entre jusnaturalismo e positivismo. Incorporam-se, desse modo, as cláusulas constitucionais, critérios materiais que redimensionam a transcendência do texto constitucional, ao transformarem-se os parâmetros de produção normativa mediante a incorporação de exigências de conteúdo que expressam, portanto, uma racionalidade material do ordenamento jurídico que permite sustentar uma conexão necessária entre direito e moral.[27] O direito constitucional abre-se, assim, às exigências materiais de legitimidade e as faz suas, ao introduzi-las como critérios de validade das normas jurídicas. Nos novos documentos constitucionais convivem, assim, a partir de agora, a racionalidade formal e a racionalidade material. A primeira estabelece as exigências procedimentais e de competência, determinando, mesmo assim, que a norma jurídica respeite as garantias constitucionais, v. gr., a igualdade diante da lei, a tutela efetiva, a segurança jurídica ou a proscrição da irretroatividade

---

[27] PRIETO SANCHÍS, Luis. *Justicia constitucional y derechos...*, op. cit., p. 103.

das disposições sancionatórias não favoráveis ou restritivas de direitos individuais, entre outras; a segunda, através de princípios e normas programáticas, define o horizonte de atuação normativa, estabelecendo parâmetros substantivos que direcionarão a ação do legislador, cuja autonomia e onipotência fica, por esta via, drasticamente limitada.

Uma das novidades mais relevantes do constitucionalismo do pós-guerra é a introdução de princípios e normas programáticas. O Estado Social de Direito supõe a ampliação do catálogo de direitos para aqueles que se convém denominar direitos econômicos, sociais e culturais, direitos que, inspirados pelo valor igualdade, comportam uma atuação positiva do Estado como direitos-prestações com a conquista de objetivos de caráter social que requerem do Estado o desenvolvimento de determinadas políticas. Frequentemente, essa dimensão social do Estado que implica a incorporação de novos direitos se materializa nas Constituições mediante normas programáticas, que contemplam fins de caráter social e estabelecem as linhas fundamentais de ação política que deve desenvolver o Estado em seu projeto de reforma da sociedade. É necessário advertir que, mesmo sendo muito tênue, a linha de demarcação entre normas programáticas e princípios, aquelas respondem a concretos objetivos de política social que se condensam em direitos prestacionais – que implicam, portanto, uma obrigação de fazer por parte do Estado para garantir determinados serviços ou tutelar situações concretas –, enquanto que os princípios expressam orientações axiológicas gerais que concernem a coerência interna do ordenamento.

Para Zagrebelsky a reiterada opinião doutrinária que enfatiza o escasso valor das normas programáticas, enfraquecendo seu caráter normativo até convertê-lo em meramente dispositivo, constitui uma simplificação carente de fundamento. O ponto de vista de quem questiona a condição constitucional das normas programáticas, reduzindo-as ao caráter de medidas ou programas políticos alheios, portanto, a Constituição é unilateral. Considerando-se que as normas jurídicas não servem exclusivamente para criar posições jurídicas perfeitas, isto é, direitos e deveres, mas sim que cabe a elas, também, desempenhar a função de meios para acelerar o processo político, ampliando as bases de consenso e participação. As normas programáticas, em sua opinião, contribuem para se estabelecer os limites do debate político, a definir os parâmetros de ação do governo e a concretizar os objetivos sociais que devem ser perseguidos. Nesse sentido, as normas constitucionais de programa contribuem com ação política, guiando-a por um marco social previamente determinado que indica a direção e o projeto social que o legislador deve levar a cabo. Essa é a virtude das normas programáticas: reduzir o espaço de controvérsia como um caráter prévio ao debate político e criar uma direção genérica, que será posteriormente concretizada em ações legislativas e de governo em torno do qual o projeto político deve orientar-se. Por isso, as normas programáticas, insiste o jurista italiano, não são substancialmente diferentes de outras normas constitucionais. O fato de que se dirigem ao legislador e que requerem decisões concretas para alcançar os fins constitucionais não permite concluir nada em relação à sua qualidade normativa. A redução do debate político que delas deriva somente significa uma diferença de grau, não de função.[28]

Os princípios, diferentemente das normas programáticas, contém orientações gerais de caráter essencialmente axiológico que permitem resolver determinados conflitos e que indicam o caminho a seguir no desenvolvimento normativo do ordenamento jurídico.[29] Os princípios jurídicos não obedecem ao esquema das regras, que determinam a conduta ou omissão devida na conjectura contemplada da mesma norma. Dada a configuração genérica e aberta dos princípios como orientações gerais, estes se apresentam como normas cuja aplicação precisam de uma ulterior concretização, pois as cláusulas gerais que expressam não habilitam para uma imediata materialização da prescrição normativa.

Os princípios, por conseguinte, possuem uma importante capacidade expansiva cujo alcance se estende a um amplo conjunto de normas que integram o ordenamento. No seu próprio tempo, com uma redação genérica, aberta e indeterminada as normas de princípio remetem a uma concretização que relacione

---

[28] ZAGREBELSKY, G. *La constitución y sus normas*. In: CARBONELL, M. (comp.). *Teoría de la Constitución...*, op. cit., p. 87 ss.

[29] Sobre a caracterização, acepções e alcance dos princípios jurídicos em geral, ver: GUASTINI, R. Los principios en el derecho positivo. In: GUASTINI, R. *Distinguiendo. Estudios de teoría y metateoría del derecho*. Barcelona: Gedisa, 1999, p. 142-178.

o enunciado normativo com os casos específicos, trabalho que há de efetuar-se através da posterior elucidação legislativa do alcance normativo do princípio e da clarificação interpretativa realizada pelos juízes.[30] A estrutural capacidade expansiva dos princípios, cujos fins – a diferença das regras – não estão delimitados com exatidão, determina que, com frequência, surjam conflitos entre princípios diferentes que devem ser resolvidos mediante o juízo de ponderação pelos juízes que assim decidem em cada caso que princípio deve prevalecer no suposto conflito entre dois ou mais, e definir eventualmente que grau de satisfação de um princípio concreto está de acordo com as exigências da Constituição. Esta situação alterou substancialmente a função dos guises, redimensionando a importância da interpretação, que já não pode ser reduzida à concepção lógico-dedutiva que preconizava o positivismo legalista, já que não existe uma solução aplicável com caráter definitivo, mas sim que o intérprete há de construir uma solução para cada caso concreto, mediante uma análise das circunstâncias de fato e da realidade social a que o conflito se refere. Isso converte a interpretação em uma atividade inesgotável já que, como assevera Zagrebelsky, "*el punto de equilibrio se muestra siempre históricamente contingente*".[31] Junto as regras, que disciplinam analiticamente as relações entre os órgãos do Estado, os aspectos fundamentais de seu regime institucional, suas funções e competência, que integram principalmente a parte orgânica da Constituição, os princípios delimitam o conteúdo axiológico da norma fundamental, aos quais deverão subordinarem-se todas as normas do ordenamento. Suas orientações constituem, portanto, direções de conteúdo que indicam o caminho por onde o ordenamento deve transitar, desenvolvendo especificamente nos diversos âmbitos da vida social regulados pelo direito, o núcleo axiológico que representam os princípios tais como catálogos de direitos fundamentais e valores como a liberdade, a justiça social, a igualdade, a solidariedade ou a paz.[32]

---

[30] ZAGREBELSKY, G. "La Constitución y sus normas". In: CARBONELL, M. (comp.). *Teoría de la Constitución...*op. cit., p. 83 ss.). Sobre as características do juízo de ponderação, ver, PRIETO SANCHÍS, L. *Justicia constitucional...*, op. cit., p. 175-216.

[31] ZAGREBELSKY, G. "La Constitución y sus normas". In: CARBONELL, M. (comp.), *Teoría de la Constitución...*, op. cit., p. 86.

[32] ZAGREBELSKY, G. *Fragilità e forza dello Stato costituzionale*. Università degli Studi Suor Orsola Benincasa-Editoriale Scientifica, 2006, p. 34-35.

O caráter essencialmente axiológico dos princípios introduz um denso conteúdo substantivo nas Constituições que permitem falar, segundo alguns autores, de *remoralización del derecho*.[33] É evidente que a presença deste tipo de normas programáticas e de princípios – que ampliam o âmbito de eficácia da lei fundamental – supõe uma transformação sem precedentes das características clássicas do constitucionalismo anterior, cujo paradigma, na opinião de certos doutrinadores, deve considerar-se superado. Para alguns autores, a plural tipologia normativa constitucional comporta, ao final, uma transformação paradigmativa que afeta as funções clássicas da Constituição e que se consubstancia na necessidade de uma política constitucional que permita transformar as normas que carecem de operatividade imediata em disposições jurídicas que concretizem os fins constitucionais, criando direitos e deveres. Aumentando a diferença entre as variadas normas constitucionais, Zagrebelsky pontualiza que, enquanto as normas organizativas dever ser *conduzidas,* as normas de princípio devem ser *concretizadas*, no mesmo sentido que as orientações políticas estabelecidas nas normas programáticas dever ser *perseguidas*.[34]

Com a introdução dos princípios, o texto constitucional deixa de ser uma fonte, para se converter na norma suprema do ordenamento, cujos conteúdos substantivos – centrados eminentemente em torno do catálogo de direitos fundamentais e a suas correlativas obrigações de ação ou de omissão –, cumprem a missão de dirigir normativamente o legislador, cuja atuação fica, por isso, condicionada. A validade das normas jurídicas depende, agora, não de uma vontade individual do legislador, submetida unicamente a exigências estritamente formais de competência e procedimento – *quem manda e como manda* – que o próprio legislador pode modificar com facilidade, mas também da coerência efetiva, judicialmente determinada, dos conteúdos da lei – *que coisa se manda – ,* com os critérios substantivos de validação das normas jurídicas incorporadas à Constituição.

---

[33] ZAGREBELSKY, G. *Fragilità e forza...*, op. cit., p. 37.

[34] ZAGREBELSKY, G. *La Constitución...*, op. cit., p. 91.

3.2. A dissociação entre vigência e validade

O caráter jurídico das Constituições do pós-guerra ainda é demonstrado na dissociação entre vigência e validade, posto que a norma jurídica pode sofrer, em algum momento de sua existência, a declaração de nulidade derivada da inconstitucionalidade material de seus preceitos. Desse modo, a norma vigente se pressupõe válida, com a qualidade de uma presunção *ius tantum* que admite, em contrário, a prova irrefutável de uma declaração de inconstitucionalidade. A validade deixou de ser, portanto, uma medida exclusivamente formal para converter-se em uma dupla exigência que alcança tanto o procedimento e a competência como os conteúdos substantivos da norma jurídica. Daí depreende-se, necessariamente, que a validade no constitucionalismo contemporâneo é delimitado em uma dimensão fraca que alcança a concordância da norma positiva com as cláusulas materiais situadas na Constituição – que concernem essencialmente aos direitos fundamentais e aos demais princípios constitucionais – e uma dimensão forte que afeta o aspecto formal de validade constitucional e que requer a observância de alguns critérios de procedimento e competência contemplados na norma fundamental, conforme os quais a norma se julga existente se foi aprovada por um órgão *prima facie* competente.

Não é preciso, portanto, que se cumpra com todos os critérios de validade formal estabelecidos na Constituição. A dimensão frágil da validade se refere à correspondência da norma com as exigências substantivas contempladas na Constituição. Vale acrescentar que a inobservância destas cláusulas materiais não afeta a existência da norma, a qual permanece vigente desde que não se produza uma declaração de inconstitucionalidade. A ausência de validade em sentido forte supõe a inexistência da norma pela inobservância dos pressupostos formais básicos que permitem sua incorporação ao ordenamento jurídico. Para que uma norma seja plenamente válida é condição imprescindível que se ajuste a todas as exigências – formais e materiais – estabelecidas nas normas que regulam sua criação. No entanto, para que a norma exista no ordenamento, basta que responda a alguns critérios formais determinados nas normas de produção. A existência, portanto, é uma qualidade conceitualmente diferente da validade: a ausência de validade não impede a vigência da norma incorporada ao ordenamento em função de sua correspondência com os requisitos formais básicos estabelecidos na Constituição. Por conseguinte, a invalidade material deve-se considerar como um forma fraca de invalidade que não afeta – ao menos imediatamente – a sua existência, enquanto que a invalidade formal há de se contemplar como uma dimensão forte de invalidade que habitualmente comporta a inexistência da norma.[35]

Em todo caso, a dissociação entre validade e vigência ou existência põe em destaque a força normativa da Constituição, cujos conteúdos materiais ou critérios axiológicos de justiça não revestem um valor meramente programático, mas sim constituem cláusulas efetivas, as quais condicionam qualquer norma jurídica. A lei já deixou de estar isenta de ataduras, para submeter-se a um controle de adequação à Constituição. Dessa forma, o constitucionalismo contemporâneo introduz uma dimensão garantista mediante a generalização – com variedade de matizes, recorrendo a modelos difusos ou concentrados – de controle de constitucionalidade. Tal situação, como foi indicado profudamente por Fioravanti:

> destruye el dogma liberal-estatalista de la fuerza absoluta de la ley, y crea así una situación, inconcebible para la doctrina decimonónica, en la que la validez de las normas del Estado está como suspendida, en el sentido de que depende de un juicio sobre su conformidad con la Constitución y, en definitiva, con una cierta interpretación de la Constitución y de los principios constitucionales.[36]

3.3. A aposta por modelos constitucionais rígidos

Por último, o constitucionalismo do pós-guerra repudia a flexibilidade das Constituições do positivismo legalista que foram dominadas pela supremacia do princípio da legalidade e acabaram reduzidas a um papel meramente simbólico sob a

---

[35] A dissociação entre validade e existência ou vigência resulta absolutamente imprescindível, a partir do momento em que a mera existência da norma não supõe a ausência de efeitos jurídicos. Importa sublinhar, ainda, que o conceito de existência é extremamente vago já que não é possível precisar concretamente as normas sobre a produção jurídica e em que número deve-se observar uma norma jurídica em seu processo de criação para que possa ficar incorporada ao ordenamento e adquirir vigência. In: GUASTINI, R. *Distinguiendo...*, op. cit., p. 312-313.

[36] FIORAVANTI, M. *Los derechos fundamentales. Apuntes...*, op. cit., p. 108-109.

proteção destrutiva da mitologia estatalista do positivismo que, ao dotar o Estado de personalidade jurídica e atribuir-lhe a titularidade da soberania, acabou colocando o Estado mais além da Constituição e outorgando ao legislador a condição de *senhor do direito*. Diante da versatilidade das Cartas Constitucionais do positivismo e sua extraordinária receptividade às modificações, as novas Constituições apresentavam-se como textos rígidos, resistentes aos devaneios reformadores do mutante poder legislativo, inacessível às pretensões sempre insaciáveis do poder de adaptar o conteúdo da norma fundamental a seus próprios interesses e conveniências. Importa sublinhar que o caráter rígido da Constituição não faz senão reforçar sua normatividade e proteger a dimensão substantiva que o novo constitucionalismo integra em seu texto, mediante princípios e disposições programáticas que indicam a direção política a seguir, incorporando critérios axiológicos substantivos de legitimidade constitucional. Não se pode interpretar como um fenômeno puramente circunstancial, precisamente, porque o advento das Constituições Rígidas produziu-se depois dos execráveis episódios e das desastrosas hecatombes que viveu a Europa no século passado.

A formalização científica do direito positivo e a depuração de toda sorte de conteúdos de vocação jusnaturalista; a retificação positivista da lei; sua exaltação como fonte hegemônica do direito e o deslocamento da Constituição como um elemento meramente disposto, privado de força normativa direta, desprovido de garantias, aberto a sucessivas reformas, expressão de um poder constituinte continuamente atuante, provocaram uma sensação de preocupação e de angústia. Fazia-se necessário, de alguma maneira, restabelecer o nexo de união entre o direito positivo e o mundo dos valores, para superar o positivismo vulgar do legalismo extremo; seu culto à forma e exaltação do procedimento; a arrogância sufocante de uma ciência contaminada de tanta pureza, para inocular valores no âmbito dessa juridicidade exclusivista do Estado, um direito acusado inexoravelmente por aquela presunção tautológica de legitimidade postulada pelo positivismo ideológico.

A experiência da Constituição de Weimar – subvertida mediante "procedimentos estritamente democráticos" no que concerne a formação da vontade majoritária – é um precedente que não pode ser esquecido: os conteúdos materiais da Constituição não podem ser varridos literalmente do ordenamento jurídico por uma maioria avassaladora, opressora e tirânica. A experiência devastadora do totalitarismo nazi demonstra que é preciso proteger e garantir os direitos das pessoas que, como expressão de sua dignidade, devem ficar a salvo do mutante jogo de equilíbrios da política e das contingências que esta opera. O fim da flexibilização da Constituição é, efetivamente, o princípio de uma nova era: aquela que quer fazer da Constituição uma autêntica norma jurídica, subtraindo da maioria o controle absoluto do direito e para redefinir o esquema de relações entre política e direito, invertendo a supremacia que o modelo positivista havia outorgado a política que fica, agora, limitada pela norma suprema do ordenamento jurídico. A política deixou de ser artífice de todo o direito para ficar subordinada à norma fundamental do ordenamento jurídico. Da mesma maneira, sucumbe também o desagradável predomínio da soberania estatal e sua graciosa autolimitação. A rigidez da Constituição é, por fim, o término do reinado positivista.[37] A lei fica submetida – não somente formalmente, mas também materialmente – à Constituição. A tensão entre democracia e Constituição se resolve em favor desta: o constitucionalismo contemporâneo propicia uma lembrança de técnicas de limitação de poder que alcança em cheio a versão forte da democracia como expressão, uma vontade geral de marca rousseauniana. A rigidez da Constituição, portanto, ataca frontalmente "*a convicção revolucionária da infalibilidade do legislador*".[38]

Por isso, as novas Constituições promulgadas no pós-guerra incorporam complexos e intrincados procedimentos de reforma que cerceiam aquela supremacia astuta e repulsiva da lei – que, definitivamente, cede terreno. A onipotência e autonomia do legislador são afetadas. A soberania de um poder constituinte continuamente operante tem também seus limites. E o denso conteúdo normativo que a Constituição incorpora deve ficar a salvo de ilusões ou devaneios reformistas de pura conveniên-

---

[37] Este predomínio da Constituição como suprema instância normativa vai mais além, como apontou Prieto, de um simples destronamento da lei, pois o que desencadeia realmente é o fim da própria noção de soberania como atributo de apenas um sujeito. In: PRIETO SANCHÍS, L. *Justicia constitucional...*, op. cit., p. 121.

[38] FIORAVANTI, M. *Los derecho fundamentales. Apuntes...*, op. cit., p. 131.

cia. Assim, o constitucionalismo contemporâneo, ao optar por modelos rígidos, esta *colocando em valores* o conteúdo material da Constituição e realçando sua força normativa, que se coloca agora como uma das prioridades do novo constitucionalismo. Para um importante setor da doutrina, no fundo de todas estas transformações opera-se uma autêntica mudança do paradigma constitucional que tem como correlato capital uma distorção do modelo hierárquico desenhado pela teoria constitucionalista das fontes.[39] A rigidez constitucional é a manifestação mais incontestável da vontade do constitucionalismo contemporâneo de fazer da Constituição a norma fundamental por excelência, reivindicando seu protagonismo como verdadeira norma jurídica e vértice do ordenamento. A concepção da Constituição como "*mero sistema simbólico de princípios ideológicos e de formulações políticas*"[40] é definitivamente superada. Em seu lugar, proclama-se, agora já sem paliativas, a supremacia da Constituição.

---

[39] PRIETO SANCHÍS, L. *Justicia constitucional...*, op. cit.

[40] DE VEGA, P. "Apuntes para una historia..., op. cit., p. 30.

Capítulo II

A passagem do estado social ao estado constitucional no contexto da globalização

1. No olho do furação: proliferação normativa e racionalidade do ordenamento

As modificações que a ordem jurídica está experimentando nos tempos atuais alcançam em cheio diversos níveis de regulação e parecem comprometer a unidade interna do próprio ordenamento e a função da norma suprema como ápice de um sistema normativo pleno e autosuficiente. A estas alturas resulta ser um atrevimento perseverar na defasa daquela concepção tradicional do ordenamento jurídico que deu luz ao positivismo oitocentista[41] e que se consagrava em vários princípios fundamentais: a) a primazia da Constituição como marco regulatório em que se estabeleciam as condições do governo legítimo, no tempo em que se atribuíam faculdades e se distribuíam competências relativas ao exercício do poder; b) a consagração do império da lei como fonte primária de produção jurídica e garantia da imparcialidade e generalidade diante de eventual abuso do poder por parte de quem o detinha, de modo que todos, sem exclusão, ficavam submetidos ao ânimo racional que representava a lei como expressão da vontade popular; c) a consequente concepção monista de produção jurídica, de sorte que o âmbito da juridicidade ficava circunscrito exclusivamente à produção jurídica estatal que se pressupunha

---

[41] Sobre o desenvolvimento histórico do constitucionalismo e a caracterização da "Constitución de los modernos", consultar: FIORAVANTI, M. *Constitución. De la Antiguedad a Nuestros días*. Madrid: Trotta, 2001.

racional e, por isso, mesmo legítima; d) a limitação estrita da função judicial a um trabalho meramente secundário que convertia o juiz, segundo uma célebre citação de Montesquieu, em *"la bouche qui pronounce les paroles de la loi"*, de modo que a interpretação ficava radicalmente restrita pelo imperativo de aplicar a norma jurídica de maneira lógico-dedutiva. Esta concepção da atividade judiciária cerceava a interpretação das normas ao converter o juiz em um autômato, cuja discricionariedade permanecia aprisionada pela busca infadigável pela sorte metafísica representada pela *mens legis;* e) finalmente, de uma concepção do direito desta natureza, somente podia desprender-se uma ideia "isolacionista" da Ciência jurídica, na medida em que a obsessão compulsiva por uma pretendida e, ao mesmo tempo, inalcançável pureza metódica, levou os cientistas do direito a convertê-lo em uma "realidade física" não suscetível de ser valorada por quem a estudava.

No entanto, a evolução do Estado de Direito provocou profundas alterações, forçadas, principalmente, pela generalização, a partir do segundo pós-guerra mundial, do modelo de Estado social de Direito e a incorporação de novos modelos de organização política e de gestão administrativa acordes com as novas funções do Estado.[42] Sem dúvida, a irrupção de novas formas de legalidade imperfeita, a partir das faculdades legislativas de que goza o poder executivo, contribuíram para reduzir a vigência daquela velha e já clássica concepção de produção jurídica e da Ciência do Direito.[43] Ao alterar os mecanismos habituais de produção jurídica com uma ampla e complexa bateria normativa, o Estado social de Direito veio a aprofundar a crise do modelo dogmático tradicional cuja insuficiência resulta cada vez mais notória, na medida em que se comprova que essas novas formas de normatividade estatal, com frequência provenientes de poderes locais, regionais ou autônomos, contribuem para criar

---

[42] Sobre os modelos de Estado de Direito e o debate contemporâneo sobre constitucionalismo é obrigatório a consulta da obra de ASÍS, R. de. *Una aproximación a los modelos de Estado de Derecho.* Madrid: Dykinson-Universidad de Jaén, 1999.

[43] No tocante às crises do Estado regulador e do modelo de Constituição dirigente, pode-se consultar: FARIA, J. E. *O Direito na economia globalizada.* São Paulo: Malheiros, 2000; LAPORTA, F. "Teoría y realidad de la legislación: una introducción general". In: MENÉNDEZ MENÉNDEZ. A.; PAU PADRÓN, A. (eds.). *La proliferación legislativa: un desafío para el Estado de Derecho.* Madrid: Thomson-Civitas, 2004, p. 29-88.

um panorama difuso em que os princípios do ordenamento jurídico se põem a prova diante da confrontação direta com normatividade dificilmente conciliáveis. Assiste-se ao que a doutrina chamou de "inflação ou proliferação legislativa", "deslocamento das fontes do direito" ou "pulverização do direito legislativo".[44] Situação que, seguindo Ferrajoli, propiciou a mudança do modelo paleopositivista do Estado legislativo ao modelo neojuspositivista do Estado constitucional de Direito como consequência da propagação das Constituições rígidas e de garantia jurisdicional de constitucionalidade das leis.[45]

---

[44] Para uma caracterização geral do fenômeno, consultar: PÉREZ LUÑO, A. E. *El desbordamiento de las fuentes del derecho*. Sevilla: Real Academia Sevillana de Legislación y Jurisprudencia, 1993. Também: MENÉNDEZ MENÉNDEZ, A.; PAU PADRÓN, A. (eds.), *La proliferación...*, op. cit. Concretamente, Francisco Laporta refere-se a múltiplas caracterizações deste fenômeno como *"Explosión* legislativa, *Marea* de leyes incontenible, *Avalancha* de leyes, *Inflación* legislativa, *Orgía* legisladora, *Desbordamiento* de fuentes, *Contaminación* legislativa, *Hipertrofia* legislativa, legislador *desbocado, cúmulo salvaje* de leyes, etc.". In: LAPORTA, F. *Teoría y realidad...*, op. cit., p. 63. Uma interessante crítica à exaltação da lei baseada na mentalidade jurídica burguesa, sustentada pela dogmática jurídica oitocentista, é formulada por GROSSI, P. *Mitología jurídica de la modernidad*. Madrid: Trotta, 2003, na qual o autor defende um viés crítico até o direito positivo e a própria Ciência do Direito, ao mesmo tempo em que aborda sobre a superação das categorias e conceitos vazios que enfraqueceram o saber jurídico, afastando-o definitivamente da realidade, da sociedade em que estão imersas as expectativas dos indivíduos e grupos sociais. Este autor postula um direito que, sem abdicar de sua dimensão formal e de sua vocação essencialmente ordenadora, consiga compatibilizar as exigências do *ser* e do *dever ser*, um direito inserido na experiência histórica, um saber fundamentado que substitua a velha ideia de legalidade em seu sentido formal, por uma legalidade que assuma a dimensão material presente nos atuais textos constitucionais. Conforme p. 63-64.

[45] Estes dois modelos baseiam-se, por sua vez, em três paradigmas diferentes: a) a natureza e estrutura do Direito, b) a natureza da ciência jurídica e c) a natureza da jurisdição. Ver: FERRAJOLI, L. "Pasado y futuro del Estado de Derecho". In: CARBONELL, M. (ed.); *Neoconstitucionalismo(s)*, 2ª ed. Madrid: Trotta, 2005, p. 13-29. Observa-se na doutrina jurídica um intenso debate sobre a compatibilidade do neoconstitucionalismo com o positivismo jurídico, na medida em que a incorporação de um sistema de valores ao texto constitucional comporta um restabelecimento do nexo entre moral e direito; assim alguns autores entendem que o constitucionalismo contemporâneo supõe uma assunção dos postulados do jusnaturalismo e que, portanto, existe uma aproximação indiscutível (Zagrebelsky, p.e.). Outros autores, entre os que se encontra Ferrajoli, consideram que esta mutação não se traduz necessariamente em uma ruptura entre constitucionalismo e positivismo, ainda que, evidentemente, o novo paradigma constitucional implique uma reformulação do próprio positivismo e do modelo de relação da Ciência do Direito com seu objeto de conhecimento: a Constituição e o ordenamento jurídico. In: Peces-Barba, Ferrajoli. Um interessante estudo sobre este debate é postulado por SASTRE ARIZA, S. *Ciencia jurídica positivista y neoconstitucionalismo*. Madrid: McGraw Hill, 1999.

Vale afirmar que, como consequência da abundância normativa, a unidade do ordenamento jurídico e sua própria configuração hierárquica resulta cada vez mais clara a proliferação do arsenal normativo do Estado; isso tudo leva à quebra da aplicação dos princípios de generalidade e imparcialidade da lei e conduz a uma crise do ordenamento jurídico, que se acentua de forma irreprimível na era da globalização.

No contexto atual, ninguém pode desconhecer que o desgaste da lei como pedra angular do sistema das fontes constitui, sem dúvida, um dos traços distintivos dos tempos atuais; por um lado, porque a proliferação do arsenal normativo do Estado de Direito foi multiplicado exponencialmente, propiciando uma diversificação incontrolada de instrumentos normativos – regulamentos, ordenamentos, decretos, etc. – em mãos de instâncias administrativas cuja vontade normativa vai muito mais além do estrito desenvolvimento de aspectos pontuais previstos pela via legislativa que, deste modo, adquirem capacidade normativa autônoma. A multiplicação de instrumentos normativos em nível estatal reduziram, portanto, a força normativa do princípio da legalidade como elemento básico na estruturação do ordenamento jurídico. Esta diversificação normativa em nível extraestatal tem várias causas:

1º. Os objetivos e fins proclamados na Carta Constitucional requerem uma ação direta da administração que costuma materializar-se por via regulamentar através de um engenhoso aspiral normativo cuja influência direta na vida dos cidadãos não deve subestimar-se;

2º. Em segundo lugar, a intervenção crescente dos tribunais constitucionais na definição dos aspectos controvertidos do texto constitucional adquire, cada vez com maior nitidez, os traços de uma função positiva ou criadora que se mostra imprescindível na concretização das cláusulas constitucionais;

3º. A descentralização territorial em nível federal, e inclusive municipal, multiplica sensivelmente a magnitude do problema não somente com o surgimento de novos corpos legislativos, mas também pela proliferação de instâncias administrativas díspares, cuja vontade normativa contribui, sem dúvida alguma, com a construção de um complexo emaranhado de normas cuja abundância não parece favorecer a precisão, segurança e coerência do conjunto normativo;

4º. Finalmente, a intervenção direta do que se pode chamar "agentes sociais" no processo de formação normativa, através da negociação *inter partes*, cuja força normativa e vigência territorial provoca um deslocamento da produção legislativa na matéria objeto de regulação.[46]

2. O Estado Constitucional e o fim do legicentrismo

Desse modo, a perda da função primordial da lei como fonte primária de produção normativa, sua "descentralização"como critério diretamente de validade formal e material das diversas "peças" que integram o ordenamento jurídico, provocou a consagração do valor primordial da Constituição, cujo caráter de norma suprema é agora elevado como elemento articulador da totalidade do ordenamento jurídico. O Estado constitucional de Direito abre, assim, uma nova etapa na evolução do próprio Estado de Direito, do modelo de organização jurídica que lhe é inerente e das elaborações teóricas da própria Ciência do Direito.[47]

Essa é a posição do jurista italiano Gustavo Zagrebelsky que, com sua tese sobre o direito dúctil, abre a porta a uma

[46] GRIMM, D. *Constitucionalismo y Derechos Fundamentales*. Madrid: Trotta, 2006, p. 193 ss.; Também, PRIETO SANCHIS, L. *Constitucionalismo y Positivismo*. México: Fontamara, 1997, p.36-37.

[47] Para uma análise do constitucionalismo contemporâneo ou neoconstitucionalismo e suas diferentes acepções em nível teórico, metodológico e ideológico, cita-se: COMANDUCCI, P. "Formas de (Neo)constitucionalismo: un análisis metateórico". In: CARBONELL, M. (ed.); *Neoconstitucionalismo(s)*. Op. cit., p. 75-98. Sobre as características do Estado constitucional como modelo formador, em que confluem duas tradições constitucionais – a francesa e a americana – e a dupla função da Constituição entendida como norma fundamental de garantia e como norma diretiva fundamental, ver FIORAVANTI, M. *Los derechos fundamentales. Apuntes de historia de las constituciones*. Madrid: Trotta, 1996. E para uma visão sintética dos mais relevantes desenvolvimentos teóricos sobre o Estado constitucional e sua relação com o Estado de Direito, resulta muito ilustrativo o tratamento que oferece PÉREZ LUÑO, A. E. "Itinerarios del derecho público". In: *Trayectorias contemporáneas de la Filosofía y de la Teoría delDerecho*. Sevilla: Innovación Editorial Lagares, 2003, p. 89-101. Diante de quem sustenta a tese do antagonismo, o professor da Universidade de Sevilha preconiza uma concepção do Estado constitucional como ápice do Estado de Direito no processo histórico de exibição da racionalidade moderna.

Constitucionalismo em tempos de globalização

concepção aberta do texto constitucional, algo em construção a partir dos próprios materiais normativos proporcionados pela norma fundamental. Tratar-se-ía, portanto, não de entender a Constituição como um edifício concreto, como algo acabado e concluído, mas sim de conceber o direito constitucional como um conjunto de materiais de construção com os quais a política constitucional realiza diversas combinações. Como assevera o professor italiano:

> Ya no puede pensarse en la Constitución como centro del que todo derivaba por irradiación a través de la soberanía del Estado en que se apoyaba, sino como centro sobre el que todo debe converger; es decir, más bien como centro a alcanzar que como centro del que partir. La "política constitucional" mediante la cual se persigue ese centro no es ejecución de la Constitución, sino realización de la misma en uno de los cambiantes equilibrios en los que puede hacerse efectiva.[48]

E mais adiante, Zagrebelsky acrescenta explicitamente que o conteúdo mais importante que a Constituição desempenhou é o de possibilitar a unidade e a integração a partir da promoção de princípios e valores que devem ser assumidos de forma flexível, rechaçando toda concepção dogmática incompatível com a base material pluralista das sociedades atuais. Somente podem ser concebidos de forma absoluta "o metavalor que se expressa no duplo imperativo do pluralismo de valores (no tocante ao aspecto substancial) e a lealdade em seu enfrentamento (no que se refere ao aspecto procedimental)".[49]

O dever mais importante que a Constituição desempenhou é o de possibilitar a unidade e a integração a partir da promoção de princípios e valores que necessitam ser assumidos de forma flexível, afastando toda concepção dogmática com a base material pluralista das sociedades contemporâneas. Dessa maneira, a Constituição assume um papel absolutamente decisivo nas complexas, heterogêneas e plurais sociedades contemporâneas, dado que a diversidade de interesses em conflito transborda para o próprio ordenamento jurídico e, com ele, a lei como principal fonte de produção jurídica no Estado de Direito. Seu lugar é

---

[48] ZAGREBELSKY, G. *El derecho dúctil. Ley, derechos, justicia.* Madrid: Trotta, 1995, p. 13-14. A citação procede da página 14.

[49] ZAGREBELSKY, G. *El derecho...*, op. cit., p. 14-15.

ocupado agora pela Constituição, como paradigma de uma produção jurídica flexível e plural cuja convergência somente pode resultar possível através dos princípios e valores estabelecidos na norma fundamental. A Constituição como elemento que possibilita uma unidade precária e plural, mas imprescindível para salvar o ordenamento da confusão purificadora em que parece mesclar-se: o império da lei já não é garantia de racionalidade e de ordem, de unidade e de paz. O trono vazio deste monarca desajustado somente pode ser ocupado pela Constituição:[50] a supremacia da Constituição e sua força expansiva sobre o conjunto do ordenamento, como verdadeira norma jurídica acessível a todos os operados jurídicos, que não requer a intermedição legislativa, supõe, de fato, não somente o fim do reinado da lei, mas, também, das próprias bases da onipotência e autonomia do legislador, são atingidas e alcançam em cheio o conceito de soberania cujo significado se dilui: de certa forma, a supremacia da Constituição comporta o fim da noção de soberania, entendendo como tal, um poder efetivo, permanentemente ativo, que não está submetido a controle, porque ele mesmo é, por essência, o poder supremo. A onipotência do legislador é reduzida porque sua atividade está submetida a um controle externo de caráter judicial, que atua diretamente determinando a validade material das leis.

---

[50] ZAGREBELSKY, G. *El derecho...*, op. cit., p. 13-15. A posição de Zagrebelsky foi severamente criticada enguanto modelo de Estado de Direito por De Asís, para quem o panorama esboçado pelo professor de Turin pulveriza todos os elementos distintivos próprios do Estado de Direito ao colocar os directos, enquanto ordem normativa plural e aberta, acima da própria lei. Ao elevar os direitos à condição de critérios materiais de justiça que dominam todo ordenamento, diluindo a claridade e unicidade das normas, jogando sobre o sistema jurídico uma dose nada descartable de inseguraça. Por isso, De Asís conclui que a tese de Zagrebelsky *"describe una realidad jurídica en la que supuestamente las exigencias que acompañan a la idea de sistema y la relación entre el Derecho y el Poder, desaparecen desde el significado de la Constitución. Ahora bien, se trata de una posición que en ningún momento se plantea la necesidad de integrar ese significado en el Estado de Derecho, por lo que, independientemente de su acierto o desacierto, no puede ser realmente presentado como modelo de Estado de Derecho"*. In: ASÍS, Rafael de. *Una aproximación a los modelos de Estado de Derecho*. Op. cit., p. 92 ss. A citação procede da p. 94. Outros comentários críticos à tese de Zagrebelsky encontram-se no Anuário de Filosofía del Derecho, XIII, 1996, nos quais se incluem os trabalhos de GASCÓN ABELLÁN, M. "Presentación: la concepción del Derecho en *El Derecho dúctil*"; ANDRÉS IBÁÑEZ, P. "No conviene 'matar' al 'notario'. A propósito de jurisdicción y derecho dúctil (en España)"; GARCÍA AMADO, J. A. "¿Ductilidad del Derecho o exaltación del juez? Defensa de la ley frente a (otros) valores y principios"; GUASTINI, R. "Derecho dúctil, derecho incierto" y PRIETO SANCHÍS, Luis. "El constitucionalismo de principios, ¿entre el positivismo y el iusnaturalismo? (A propósito de *El Derecho dúctil* de Gustavo Zagrebelsky)".

A autonomia se percebe reduzida porque a Constituição deixou de ser um documento estritamente formal para incorporar uma ampla variedade de diretrizes e orientações que determinam os objetivos que o legislador há de perseguir.[51]

Diante do modelo liberal oitocentista, a Constituição aparece concebida simultaneamente como sistema de garantias e como sistema de valores: deixou de ser um manifesto político para converter-se em uma verdadeira e precisa norma jurídica. E esta mutação, que supõe a consagração da Constituição como norma jurídica efetiva dotada de força normativa para modelar o conjunto do ordenamento, provoca a destruição do dogma estatalista da força absoluta da lei. A supremacia da Constituição vem colocar em quarentena a primazia da lei e a validade das normas jurídicas fica condicionada agora aos conteúdos substantivos contidos na Constituição e a interpretação dos princípios.[52]

Como consequência, ao deslocar-se o centro de gravidade da produção normativa da lei, como fonte primária de produção normativa, à Constituição, como norma articuladora de uma multiforme e complexa variedade de normatividades, produz-se uma mudança substancial na configuração do ordenamento jurídico e na concepção do Direito que o acompanha. No fim o primado da lei não é algo meramente expressado. Com a derrubada desse ideal, cai, também, todo um complexo emaranhado de concepções e categorias que cresceram a sua sombra. Porque se a lei não é já o elemento de referência, como se pode medir, então, a adequação ao sistema jurídico? Como se poderá seguir amparando-se na aplicação meramente mecânica do texto legal? Acaso se poderá seguir refugiando-se na inovação dogmática de uma pretendida e inexistente *mens legis*? E o que dizer da validade das normas, de coerência e de racionalidade jurídica no ordenamento fragmentado por uma multiplicidade normativa que quebra o paradigma epistemológico da dogmática jurídica tradicional?[53]

[51] PRIETO SANCHÍS, L.; *Justicia Constitucional...*, op. cit., p. 121-122.

[52] FIORAVANTI, M. *Los derechos fundamentales*. Apuntes de historia..., op. cit., p. 128-129.

[53] A crise do modelo constitucional vem alimentada, como aponta Canotilho, pela crise da teoria da Constituição que, por sua vez, é perseguida, por um lado, pelas teorias filosóficas da justiça e, por outro, pelas teorias sociológicas do direito. As primeiras, aproveitando a crise da teoria constitucional para redesenhar os termos dos modelos de sociedade bem ordenada. As segundas, acentuam a tensão entre a realidade sociológica e o idealis-

Em suma, o deslocamento da lei pela Constituição é algo mais que um movimento estratégico. O sistema de subordinação que inaugurou o princípio da legalidade precisou de todo um complexo teórico que lhe deu suporte e que, agora, como consequência do deslocamento do centro de gravidade dos ordenamentos democráticos, perde sentido. Em um breve – mas interessante estudo – intitulado *Constitucionalismo y Positivismo*, Prieto Sanchís indagou sobre esta questão relacionada com o modelo jurídico representado no Estado Constitucional de Direito: *"A Constituição não veio simplesmente ocupar o papel de lei, mas sim desenhar um modelo de produção normativa notavelmente mais complexo, onde todos os sujeitos encontram não uma ordem hierárquica unívoca, mas sim ordenamentos de sentido conflitivo que exigem ponderação."*[54]

Como consequência, o vasto complexo de transformações que estimula o crescimento do Estado constitucional aponta, no que se refere à produção jurídica, um processo de deslocamento do protagonismo que a lei vem exercendo entre as fontes do direito. Simultaneamente, registram-se outras duas consequências: a primeira no que concerne à interpretação e aplicação do Direito; a segunda, no tocante à quebra do positivismo metodológico ou conceitual, pois este novo constitucionalismo professa um compromisso indiscutível que se reflete em um enfoque "comprometido" com os problemas que afetam a Ciência Jurídica.[55]

---

mo indestrutível da teoria constitucional, enfrentando dramaticamente as exigências de faticidade e validade, tensão que ameaça em dissolver a própria teoria da Constituição. Desse modo, põe-se de manifesto os problemas da teoria constitucional contemporânea para instalar-se o que Gomes Canotilho denomina uma situação clássica, isto é, aquela em que existe um acordo estável acerca de categorias teóricas, aparatos conceituais e métodos de conhecimento. In: GÓMES CANOTILHO, J. J. *Teoria de la Constitución*, Madrid: Dykinson-Universidad Carlos III, 2004, p. 1-36.

[54] PRIETO SANCHÍS, L. *Constitucionalismo y Positivismo*, cit., p. 35-36.

[55] PRIETO SANCHIS, L. *Constitucionalismo...*, op. cit., p. 16. Sobre a compatibilidade do positivismo com a inclusão de contéudos de justiça ou legitimidade no Estado de Direito, conforme a posição de Rafael De Asís: In: *Una aproximación a los modelos de Estado de Derecho*, op. cit., p. 145 ss., onde o autor sustenta uma posição que contrasta com pronunciamentos de um setor importante da doutrina que impugna essa compatibilidade. A posição De Asís assente-se, também, com as críticas que Peces-Barba, fórmula sobre a tese de Zagrebelsky. Em sua crítica ao jurista italiano, o professor da Universidade Carlos III opõe-se à valoração daquele sobre a quebra do positivismo no constitucionalismo contemporâneo e sua incapacidade para abordar e interpretar as novas direções da cultura jurídica. In: PECES-BARBA, Gregorio. Epílogo "Desacuerdos y acuerdos con una obra importante" en ZAGREBELSKY, G. *El derecho...*, op. cit., p. 157-173.

Constitucionalismo em tempos de globalização

Enlaçando todos estes elementos aparece o que Massimo La Torre denominou de *"rematerialização"* dos documentos constitucionais e que vem a expressar a ideia de que a Constituição configura uma *"ordem de valores"* (ou uma *"unidade material"*) que, para alguns, é prévia ao direito positivo.[56] Por esta via, a rematerialização constitucional garante que o bloco axiológico incorporado à Constituição exerça efetivamente uma função legitimadora das normas e decisões jurídicas: em definitivo, a função constitucional proporciona um instrumento de incalculável valor para a limitação do poder e a legitimação das normas jurídicas, cuja validade não deriva exclusivamente de um procedimento estritamente formal de produção jurídica,[57] mas que, ao incorporar um sistema amplo de valores, este fica convertido *ipso iure* no critério básico de legitimidade das normas jurídicas. Daí que o caráter central da Constituição supõe uma transformação substancial na configuração do ordenamento e da própria Ciência do Direito, pois a incorporação deste núcleo substantivo de valores ao plano constitucional tem a virtude de estabelecer critérios efetivos de validação e legitimidade das normas jurídicas que vão muito mais além das exigências estritamente formais que havia formulado a dogmática positivista.

Desse modo, a legitimidade deixa de situar-se em uma perspectiva externa ao direito positivo para ficar incorporada a ele mediante a adesão de conteúdos substantivos. A função que tradicionalmente vinha desempenhando o velho jusnaturalismo racionalista é, agora, distribuída à Constituição. Ao explicitar este planejamento Prieto Sanchís remete-se à posição de Ferrajoli, para quem o constitucionalismo contemporâneo *"incorporou grande parte dos conteúdos ou valores de justiça elaborados pelo jusnaturalismo racionalista e ilustrado"*. Desse modo, produz-se uma aproximação *"entre a legitimação interna ou dever*

---

[56] Citado por PRIETO SANCHÍS, L. *Constitucionalismo...*, op. Cit., p. 16-17.

[57] Assim indica Ansuátegui quando afirma que "La validez de una norma jurídica no depende sólo de la adecuación de dicha norma a los criterios formales de pertenencia establecidos por una norma superior; una norma es válida cuando, además de satisfacer esos criterios formales, reúne determinados requisitos materiales que, a fin de cuentas, no son sino expresión de la opción axiológica del Ordenamiento jurídico. In: ANSUÁTEGUI, J. Poder. Ordenamiento jurídico, derechos. Madrid: Dykinson-Universidad Carlos III, 1997, p. 8. Sobre o significado da validade e as diferentes posições doutrinárias, ver: FARIÑAS DULCE, M..J. *El problema de la validez jurídica*. Madrid: Civitas, 1991.

ser jurídico e legitimação externa ou dever ser extrajurídico". Daí, continua Prieto, as transcendentais consequências que este fenômeno tem para o modelo de Estado de Direito Legislativo: *"o legislador já não é a viva voz do soberano, legitimado para ditar normas com qualquer conteúdo, mas sim que, sem converter-se tão pouco em um autômato executor da Constituição, há de acomodar sua política as amplíssimas (também ambíguas e contraditórias) exigências constitucionais."*[58] Disso se depreende algumas consequências que não se pode esquecer:

1) Em primeiro lugar, assistimos a elevação da Constituição como fonte das fontes, mediante a incorporação de um sistema de valores abertos, carentes de regras específicas no caso de colisão e conflito.

2) Em segundo lugar, que a "rematerialização" constitucional supõe um compromisso axiológico substantivo que não pode passar despercebido nas elaborações da Ciência do Direito. Assim, fica reestabelecido o nexo entre moral e direito que o positivismo, nas suas versões mais extremas, havia feito desaparecer. A partir de agora, o estudo científico do direito não é uma tarefa meramente ascética ou neutra; de qualquer modo, o cientificismo passa a adotar outro enfoque diante do objeto que estuda, e essa atitude vem recheada de valorações pessoais, "comprometida" com as bases que o Estado constitucional determina.

3) Em terceiro lugar, que a interpretação e aplicação das leis deixou de ser já uma tarefa exclusivamente mecânica, limitada, portanto, à função lógico-dedutiva que o positivismo estabeleceu ao poder judiciário. No seu lugar, emerge uma interpretação complexa e aberta das cláusulas constitucionais que, por sua própria natureza, exige um trabalho depurado e minucioso na ponderação dos bens em conflito. A discricionariedade judicial incorpora-se ao sistema de interpretação e aplicação do Direito a partir da ótica de um conjunto de valores cuja realização exige cessões e garantias. O trabalho do juiz não está isento de complexidade e requer, sem dúvida, de uma dose importante de discricionariedade. Por isso, a Ciência do Direito cumpre uma função muito especial: elaborar uma teoria da interpretação constitucional de acordo com as demandas de um novo modelo normativo

---

[58] PRIETO SANCHÍS, L. *Constitucionalismo...,*. op. cit., p.17.

mais aberto e permeável. A discricionariedade, no entanto, não pode contentar-se *tout court* em ser considerada como uma porta aberta à arbitrariedade, antes disso, o constitucionalismo moderno exige a razoabilidade das decisões judiciais como condição prévia de validade e de legitimidade.[59]

3. Pluralismo jurídico, interdependência e Constituição

A aparição do Estado constitucional não resolve, no entanto, os múltiplos problemas que cercam o constitucionalismo contemporâneo. Fundamentalmente, porque o cenário do pluralismo normativo que se registra no âmbito territorial de cada Estado, se vê acrescentado de maneira notória pela proliferação exponencial de novos atores jurídicos na arena global. A era da interdependência que inaugura a globalização é, antes de tudo, a era do pluralismo normativo: o fim da concepção monista da produção jurídica e dos princípios sobre os que esta se sustentou.

Como certamente observou Ferrarese, o início de um nova civilização jurídica – caracterizada pela multiplicação de atores, pela inolvidável perda do protagonismo dos Estados em nível interno e externo, pela quebra do ordenamento jurídico e pela aparição de novas fontes de normatividade como consequência da redefinição dos limites espaço-temporais – faz surgir, inevitavelmente, um panorama poroso de pluralismo normativo que rompe a homogeneidade característica de épocas pretéritas e que, ao assumir formas de interlegalidade, vem a criar redes de legalidade, paralelas ou sobrepostas, complementárias ou antagonistas.[60]

---

[59] Convém recordar neste momento que a ponderação é o novo modelo interpretativo aplicável aos princípios constitucionais, pois como recordou Alexy, a ponderação é uma técnica a que se recorre para a aplicação dos princípios, enquanto as regras se ajustam ao modelo de subsunção. Conforme isso, o sistema se apresenta fechado, na medida em que as lacunas encontram sempre solução através dos princípios. Uma atitude crítica do sistema baseado em princípios e sobre as consequências que dele derivam no âmbito da teoria da interpretação constitucional e sobre o conjunto do ordenamento jurídico é sustentada por Larry Alexander, cuja tese é confrontada com Dworkin. Para aprofundar a discussão, consultar: ALEXANDER, L. *Legal Rules and Legal Reasoning*. Ashgate: Aldershot, 2000.

[60] FERRARESE, M. R. *Le istituzioni della globalizzazione. Diritto e diritti nella società trasnazionale*. Bologna: Il Mulino, 2000, p. 42, ss. Sobre este assunto, consultar meus

Nesse contexto, a concepção clássica do positivismo estatalista resulta já abertamente anacrônica, na medida em que a quebra do monismo jurídico e a perda do protagonismo da lei como fonte primária do direito incorporam mutações substanciais que não podem ser deixadas de lado. A perda inexorável do protagonismo do Estado como ator único e exclusivo de uma ordem jurídica fechada, autônoma e independente, capaz de regular a totalidade dos aspectos da vida social dos cidadãos em um determinado território, evidencia um panorama irreversível e difuso de pluralismo normativo, que se condensa na atuação de organismos de poder heterogêneos com capacidade de obrigação originária, novas organizações políticas de caráter supranacional, corporações transnacionais e grandes grupos econômicos e financeiros.[61]

Refletindo por esse processo, o constitucionalismo moderno foi submetido a críticas severas que Walker sintetiza em cinco objeções principais.

1) em primeiro lugar, argumenta-se que o constitucionalismo moderno, partindo da própria estrutura proporcionada pelo marco estatal, continua sendo seu principal legado, sendo incapaz de encarar os desafios dos fluxos transnacionais que nos âmbitos político, econômico e social escapam ao poder do Estado;

2) de outras posições se enfatiza, no entanto, os perigos do que poderíamos denominar "fetichismo constitucional", na medida em que uma indevida concentração no constitucionalismo e nas estruturas constitucionais poderia obstruir ou, ao menos, distrair a atenção com relação a outras vias ou mecanismos institucionais cujos resultados poderiam ser mais efetivos;

3) afirma-se, assim mesmo, que o modelo constitucional é, fundamentalmente, um modelo de caráter social, o qual quebra as exigências de generalidade e imparcialidade inerentes ao império da lei, dessa forma constata-se uma tendência implícita em favorecer certos interesses e valores em detrimento de outros, e isto supõe o fracasso da pretensão de situar todos os interesses e

---

trabalhos: "Globalización, Pluralismo jurídico y Ciencia del Derecho". In: DE JULIOS-CAMPUZANO, A. *Dimensiones jurídicas de la globalización*. Madrid: Dykinson, 2007, p. 13-40 e *La globalización ilustrada. Ciudadanía, Derechos humanos y Constitucionalismo*. Madrid: Dykinson, 2003.

[61] GRASSO, P.G. El problema del constitucionalismo..., cit., p. 68-69.

valores relevantes no mesmo nível e, portanto, a impossibilidade de que todos possam ser equitativamente considerados;

4) não falta quem destaca o papel do constitucionalismo como um recurso ideológico, assim como o risco de sua instrumentalização para favorecer a aquisição de cotas crescentes de poder por parte de determinados setores que renegam abertamente o constitucionalismo como compromisso com certos *standards* normativos;

5) finalmente, em estreita relação com as críticas anteriormente esboçadas, desenvolve-se uma série de questões concernentes ao estudo conceitual do positivismo. Desta perspectiva, o constitucionalismo tornou-se um conceito extraordinariamente promissor, seu âmbito significativo tornou-se cada vez mais amplo e diverso, de modo que a indeterminação de seu discurso, e a própria ambiguidade significativa de suas cláusulas, fazem o mesmo perder sua capacidade persuasiva como ponto de referência para a mobilização na prática de um amplo consenso da opinião pública.[62]

Este grande repertório de críticas não fazem senão advertir sobre os desafios que o constitucionalismo depara-se no momento presente, deixando patente a visão dos problemas inerentes a definição do paradigma constitucional em um contexto de interdependência, de globalização, de quebra geral de modelos organizativos e, também, epistemológicos. As alterações do Estado de Direito não parecem que foram concluídas. A mudança do Estado liberal ao Estado social foi resultado de uma transformação mais profunda que comporta a supressão do Estado legislativo de Direito pelo Estado constitucional de Direito. Porém, o paradigma constitucional não constitui uma fórmula acabada, um modelo definitivamente concluso, mas sim prefigura um novo marco explicativo da teoria jurídica e da Ciência do Direito no horizonte da globalização, uma realidade – mesmo embrionária – cujo desenvolvimento fica severamente condicionado pelas transformações que se estão sendo operadas no Estado e em sua ordem jurídica em uma era de interdependência. A incidência das vertiginosas modificações que o mundo está experimentando

---

[62] WALKER, N. *The Idea of Constitutional Pluralism*. EUI Working Papers, European University Institute Florencia, Law 2002/1, p. 3.

em todos os âmbitos da vida social não pode deixar de alcançar o Estado constitucional de Direito. Seguindo as propostas de Norman Walker, destaca-se sobre a necessidade de construir um modelo renovado de constitucionalismo capaz de dar conta dessas novas realidades, sobre a base de critérios espaciais temporais e normativos.

a) Em primeiro lugar, as crises do modelo constitucional estão vinculadas, partindo de uma perspectiva espacial, ao esgotamento do modelo jurídico-político instaurado depois da Paz de Westfália. A insuficiência do modelo constitucional vem a corroborar com a finitude do Estado como instância organizativa básica. Por isso, o novo constitucionalismo precisa submeter à revisão este vínculo estatal que começa a falhar. Não se trata de negar o espaço da ordem constitucional dentro do âmbito estatal, mas de sustentar a necessidade de desenvolver-se um constitucionalismo pós-nacional que deve estar aberto a um discurso constitucional pleno e a processos, também, novos à margem das próprias instâncias estatais.

b) No tocante ao critério temporal não se pode desconhecer que existe uma necessária continuidade histórica: apesar do conceito de constitucionalismo ter sido radicalmente transformado, procura-se salvar a conexão causal com suas origens históricas; mas esse requerimento de continuidade histórica demanda, também, um continuidade discursiva. Deve-se ser capaz de compreender o constitucionalismo não somente como história da resposta para algumas circunstâncias históricas determinadas, mas sim como a história de um discurso particular, um discurso sobre os valores e a racionalidade humana que, lembrando os pormenores de determinada época, continua estando plenamente vigente, de sorte que sua riqueza significativa conecta-se com diferentes tempos e lugares. Pode-se aqui evocar as inestimáveis contribuições do constitucionalista alemão Peter Häberle que destaca o valor da Constituição como produto cultural em torno do qual se forma a identidade coletiva. O constitucionalismo conecta assim suas raízes históricas com as expectativas do povo e relaciona-se com a cultura, esperanças e desejos que se projetam até o futuro.[63] Esse é o valor projetivo do texto constitucional

---

[63] HÄBERLE, P. *Libertad, igualdad y fraternidad. 1789 como historia, actualidad y futuro del Estado constitucional*. Madrid: Trotta, 1998; Teoría de la Constitución como

articulador de identidades que tão agudamente tem sido sintetizadas nas teses do patriotismo constitucional.[64] A propósito disso, Zagrebelsky sentencia que a Constituição é mais que um momento histórico concreto: representa um patrimônio cultural. A experiência histórico-constitucional que enlaça passado e presente e olha até o futuro. Essa proteção temporal da Constituição obriga a uma reformulação permanente de seus princípios e de seus valores: *"A "história" constitucional não é um passado inerte, mas sim a contínua reelaboração das raízes constitucionais do ordenamento que nos é imposta no presente pelas exigências do futuro."*[65]

c) Finalmente, vale sublinhar, ainda que brevemente, que com relação ao critério normativo existe uma demanda de coerência normativa inclusiva, cuja realização estimula a crítica do enfraquecimento normativo em benefício da exploração ideológica. Diante desse relaxamento das proporções normativas constitucionais deve-se opor a recuperação dos verdadeiros limites do constitucionalismo legítimo: a definição dos *Standards* mínimos que resultariam coerentes com esta ética inclusiva. Essa coerência normativa inclusiva implica num compromisso da teoria e da prática constitucional com uma concepção de democracia altamente reflexiva que se traduz tanto em um compromisso de aceitação das diferenças, como em um compromisso de aceitação da expressão popular emanada de uma decisão majoritária, que surge em decorrência de uma legalidade legítima. Existe, finalmente, uma exigência de coerência externa; se o constitucionalismo é considerado como uma forma de razão prática, então terá que estabelecer aguçada aplicação prática das cláusulas consti-

---

Ciencia de la Cultura. Madrid: Tecnos, 2000; e *Pluralismo y Constitución. Estudios de Teoría Constitucional de la sociedad abierta*. Madrid: Tecnos, 2002.

[64] Nesse sentido é o trabalho de STERNBERGER, D. *Patriotismo constitucional*. Bogotá: Universidad Externado de Colombia , 2001, que formula inicialmente esta tese que alcançou um eco considerável a partir das colocações de HABERMAS, J., em especial a partir de seu trabalho "Patriotismo de la constitución, en general y en particular". In: *La necesidad de revisión de la izquierda*. Madrid: Tecnos, 1991. As posições de ambos mereceram atenção de PECES-BARBA, G. "La Constitución en la cultura política y jurídica moderna". In: PECES-BARBA MARTÍNEZ, G.; RAMIRO AVILÉS, M. A. *La Constitución a examen. Un estudio académico 25 años después*. Madrid: Marcial Pons, 2004, especialmente p. 61-77. Neste mesmo volume, ver também FERNÁNDEZ GARCÍA, E. "El patriotismo constitucional", p. 303-329.

[65] ZAGREBELSKY, G. *Historia y Constitución*. Madrid: Trotta, 2005, p. 91.

tucionais, esboçadas tanto nos projetos de proposições normativas como nas próprias contribuições da teoria constitucional. Em outras palavras, conclui Walker, o constitucionalismo deve ser capaz de gerar novas formas explicativas de conhecimento e regulação normativa que sejam relevantes para outros discursos regulativos e imaginativos da política, para que esta possa combater os efeitos negativos suscitados pelas críticas implícitas e explícitas de determinadas tendências do constitucionalismo em direção ao fetishismo; ademais importa considerar a interferência dos discursos públicos institucionais e as aspirações daqueles outros discursos emergentes na configuração extraordinariamente mutante da autoridade global.[66] Semelhante ao que já foi mencionado, destaca-se na opinião de Zagrebelsky, uma alteração da Constituição revolucionária à Constituição pluralista:

> La constitución del pluralismo contemporáneo se puede considerar positiva en cuanto que es recreada continuamente por el concurso de múltiples voluntades que, en su converger hacia ella y según los modos de esa convergencia, la redefinen continuamente en su alcance histórico-concreto. En resumen: la positividad de la constitución revolucionaria era *a priori*; la de la constitución pluralista es *a posteriori*.[67]

Estas apreciações levam à constatação do enfraquecimento da força normativa da Constituição no contexto marcado pela interdependência característica dos processos desencadeados pela globalização. Põe-se, assim, em destaque a conexão da vigência da Constituição com o pleno desenvolvimento de sua dimensão garantista. A crise do papel garantista da Constituição, na opinião de Ferrajoli, é uma consequência do fim do Estado nacional como único ator da produção jurídica. Na medida em que se multiplicam as instâncias produtoras do direito e as fontes de normatividade e se deslocam os centros de decisão, a efetividade da Constituição é colocada em dúvida, pois é a mesma soberania do Estado que foi sepultada e, com ela, a capacidade reguladora do texto constitucional e de seu ordenamento jurídico. E este cerne, segundo o jurista italiano, tem uma dupla forma de dissolução da modernidade jurídica, na medida em que se gera um direito comunitário de natureza fundamentalmente jurisprudencial, como

---

[66] WALKER, N. "The Idea…, op. cit., p. 21-24.

[67] ZAGREBELSKY, G. *Historia y Constitución*…, op. cit., p. 81-82.

consequência da intervenção de diversas jurisdições eventualmente concorrentes, ao mesmo tempo em que a multiplicação de normatividades provoca o regresso para um pluralismo jurídico próprio do direito pré-moderno.[68]

O progressivo enfraquecimento do Estado no cenário internacional alcança em cheio o princípio da legalidade, que se vê atingido por novas instâncias de regulação. Como já se observou no decorrer do trabalho, somente se fosse possível acreditar em uma perspectiva estritamente formalista é que se continuaria insistindo que os efeitos da globalização sobre o ordenamento jurídico resultam irrelevantes.[69] Sublinha-se, nessa esteira, que a ordem internacional depois da Paz de Westfália entrou em crise, uma crise que se traduz na perda crescente do protagonismo do Estado-Nação como ator exclusivo do direito internacional, cujo protagonismo foi diluído de maneira progressiva a partir da segunda guerra mundial. Pode-se dizer, em linhas gerais, que desde 1648 a ordem internacional instaurada pelo Tratado de Westfália permaneceu praticamente invariável até o surgimento Sociedade das Nações. É a partir do desenho internacional inaugurado no pós-guerra que começam a surgir algumas mudanças cuja relevância vai se consolidando com o passar do tempo; mudanças que apontam para uma crescente perda do protagonismo estatal simultaneamente à progressiva aparição de novos atores supra e transnacionais.[70]

---

[68] FERRAJOLI, L. "Pasado y futuro...", op. cit., p. 20-21.

[69] MERCADER UGUINA, J.R. "Sistema de fuentes y globalización". In: *Revista Española del Derecho del Trabajo*, 119, 2003, p. 667-690.

[70] Trata-se de um processo que se inicia com a criação de novas organizações internacionais de cooperação, cujo pertencimento por parte dos Estados implica, em princípio, certas limitações em sua soberania. Esse é o caso, por exemplo, da Organização das Nações Unidas, criada em São Francisco em 1945 e, com caráter regional, do Conselho da Europa, constituído a partir da assinatura do Tratado de Roma, em 1950. Simultaneamente, no entanto, a nova ordem internacional contemplará a formação de uma Comunidade Econômica Europeia, a partir dos tratados constitutivos da CECA, da CEE e do EURATOM, que logo veriam a integrar-se em uma só estrutura institucional e que, depois de mais de cinco décadas, enfrenta o horizonte cada vez menos longínquo de uma futura união política (Sobre o processo de construção europeia e o impacto de seus avanços no âmbito da teoria do direito e do constitucionalismo resulta extraordinariamente esclarecedor uma análise coletiva editada sob a coordenação de MAcCORMICK, N. *Constructing Legal Systems. "European Union" in Legal Theory*, Kluwer Academic Publishers, Dordrecht, 1997. Remete-se a ele para oferecer uma perspectiva suficientemente ampla dos principais desafios que enfrenta a teoria jurídica diante o objetivo da união política e a elaboração de um modelo constitucional). Sobre o fenômeno da globalização, sua caracterização

Esse processo foi redimensionado nas últimas décadas, como consequência do impacto sofrido pelo ordenamento jurídico estatal de normas emanadas de organizações internacionais de integração que demandaram a cessão de competências por parte dos Estados membros, com a consequente redução de sua soberania; mas não se pode deixar de mencionar a incidência que o desenvolvimento das novas tecnologias da informação tiveram na formação de um novo modelo de capitalismo baseado na interdependência e na proliferação de corporações transnacionais de caráter privado e de instâncias de decisão, alheias a todo acesso democrático, assim como novos atores sociais transnacionais congregados fundamentalmente em torno de organizações não governamentais. Desse modo, a soberania dos Estados esta sendo drasticamente limita diante do cenário internacional cada vez mais povoado por uma variada paisagem de atores de diversas procedências, cuja capacidade regulatória interfere ou cerceia severamente a própria capacidade normativa dos Estados.[71]

Desse modo, produz-se um esvaziamento das próprias estruturas jurídicas estatais, implicando, por outro lado, um esvaziamento da própria ordem constitucional que fica desprovida de força normativa para regular as complexas e conflitivas interações dos diferentes subsistemas sociais.[72] Para qualquer lugar que se olhe, a interdependência cada vez maior dos processos sociais, produtivos e financeiros, as novas formas de juridicidade trans-

---

e seu impacto jurídico-político, consultar trabalho de minha autoria: *La Globalización Ilustrada. Ciudadanía, Derechos humanos...,* op. cit.; sobre a incidência deste fenômeno sobre os direitos humanos, ver: PÉREZ LUÑO, A. E. "Los derechos humanos en la sociedad global", en PÉREZ LUÑO, A. E.; *La tercera generación de derechos humanos,* Thomson-Aranzadi, Madrid, 2006.

[71] Sobre este aspecto, pode-se consultar FERRAJOLI, L. *Derechos y garantías. La ley del más débil,* Madrid: Trotta, 1999; BECK, U. *¿Qué es la Globalización? Falacias del Globalismo, respuestas a la* Globalización. Barcelona: Paidós, 1998; GÓMEZ, J. M. *Política e democracia en tempos de globalização.* Petrópolis: Vozes, 2000; IANNI, O. *A era do globalismo.* Rio de Janeiro: Civilizaçao Brasileira, 1999.

[72] Na opinião de Grimm, apesar do êxito aparente do constitucionalismo no contexto mundial, detectam-se indícios que sugerem uma crescente fragilidade interna da Constituição para regular a organização social, fragilidade que está vinculada diretamente ao aumento das funções do Estado e que suscita dúvidas acerca do fato dessas fragilidades estarem relacionadas a um déficit de adaptação ou a incapacidade do direito constitucional para fazer frente aos desafios do Estado Social. Em todo caso, a Constituição não resulta imune a esse esvaziamento interno que alcança, assim, o restante das normas jurídicas. Observar: GRIMM, D. "El futuro de la Constitución". In: *Constitucionalismo y derechos fundamentales,* op.cit., p. 175-209.

nacional e internacional interseccionam com as formas clássicas da juridicidade estatal. A Constituição fica, assim, aprisionada pela emergência de um paradigma jurídico global que torna incontrolável o processo econômico: a regulação dos mercados se afasta do âmbito público estatal e se desloca até âmbitos privados inacessíveis ao controle do poder estatal. Surge, assim, um constitucionalismo mercantil global cuja essência é principalmente desreguladora; um constitucionalismo dos grandes interesses econômicos transnacionais que é, por definição, anticonstitucional, pois trata de retirar todo controle e de blindar-se contra toda intervenção. Desta sorte, a constituição econômica do mercado global brota da mais pura expressão dos interesses privados em nível transnacional, incidindo diretamente nos processos regulatórios dos Estados.[73]

Estas interações forçam o paradigma jurídico constitucional a submeter-se a esses novos condicionamentos econômicos para seguir mantendo um mínimo de coesão interna do ordenamento e uma razoável pretensão de eficácia normativa. Desse modo, o texto constitucional incorpora níveis diferenciados de tutela jurídica para certas classes de direitos e estimula o número de normas programáticas cuja articulação interna resulta impossível, de acordo com as exigências do sistema técnico-produtivo, o qual se traduz em uma privação de mecanismos de proteção jurisdicional, de defesa da cidadania e dos conteúdos consagrados em tão solenes programas constitucionais. Da mesma maneira, a Constituição se mostra agora mais propensa à indefinição, mediante o uso de conceitos jurídicos indeterminados em muitos preceitos, e incorpora redações essencialmente abertas, cuja interpretação fica encomendada à própria governabilidade funcional do sistema mediante o correspondente desenvolvimento legislativo.

Esta flexibilização do jurídico em nível constitucional se vê graficamente refletida com perspicácia na ideia de *direito dúctil* de Zagrebelsky. A transformação da soberania estatal determina uma modificação do paradigma constitucional que permite sua adequação às atuais circunstâncias do Estado contemporâneo, que se percebe constrangido por novos processos que alteram

---

[73] SOUSA SANTOS, B. DE. *Reinventar la democracia. Reinventar el Estado*. Madrid: Sequitur, 1999, p. 10.

a compreensão original da soberania estatal. Dentre estes *"fatores demulidores da soberania"* destacam-se o pluralismo social e político em nível interno, a formação de poderes alternativos de âmbito supraestatal que operam no campo econômico, político, cultural e religioso e a progressiva institucionalização de contextos que integram os poderes estatais substituindo a disponibilidade dos Estados particulares. Ocorre que o traço mais notório do direito constitucional contemporâneo não é a substituição radical das categorias tradicionais, mas sim a perda da centralidade, o que comporta uma mutação decisiva no âmbito jurídico-constitucional, posto que a ciência do direito público se vê obrigada a adequar suas próprias condições de trabalho: ao estar privada de um ponto unificador já não pode formular suas categorias dotando as mesmas de um significado concreto determinado *a priori,* mas sim que o significado deve ser construído.[74] Longe, pois, da afirmação do caráter fechado, unívoco e predeterminado das normas constitucionais, parece impor-se a ideia de um direito constitucional em construção, cimentado sobre um conjunto de materiais normativos flexíveis, versáteis e dúcteis, que permitam a adaptação a circunstâncias variantes, de acordo com a célebre concepção hartiana da norma como uma textura aberta.

4. A dimensão garantista da Constituição no tempo da globalização

Estas apreciações levam à constatação do enfraquecimento da força normativa da Constituição em um contexto marcado pela interdependência característica dos processos desencadeados pela globalização. Põe-se, assim, em destaque a conexão da vigência da Constituição com o pleno desenvolvimento de sua dimensão garantista. A crise do papel garantista da Constituição, na opinião de Ferrajoli, é uma consequência do fim do Estado na-

---

[74] ZAGREBELSKY, G. *El derecho dúctil...,* op. cit., p. 10 ss. Sobre os fundamentos do constitucionalismo contemporâneo pode-se consultar: ALEXANDER, L. *Constitutionalism. Philosophical Foundations,* Cambridge Univesity Press, Cambridge, 1998; para uma coletânea interessante sobre as transformações do constitucionalismo contemporâneo cita-se, ainda, BELLAMY, R. y CASTIGLIONE, D. (eds.). *Constitutionalism in transformation:* European and Theoretical Perspectives, Blackwell, Oxford, 1996.

cional como ator único da produção jurídica. Na medida em que se multiplicam as instâncias produtoras de direito e as fontes de normatividade e se deslocam os centros de decisão, a efetividade da Constituição é colocada em dúvida, pois a mesma soberania do Estado foi desgastada, e com ela, a capacidade reguladora do texto constitucional e de seu ordenamento jurídico. E isto leva, segundo o jurista italiano, a uma dupla forma de dissolução da modernidade jurídica, na medida em que se gera um direito comunitário de natureza fundamentalmente jurisprudencial, como consequência da intervenção de diversas jurisdições eventualmente concorrentes, no tempo que a multiplicação de normatividade provoca o regresso a um pluralismo jurídico próprio do direito pré-moderno.[75]

Como colocou em destaque Ferrajoli, a eficácia das normas constitucionais está associada à existência de garantias que assegurem sua materialização social. O direito dos tempos atuais se vê desafiado pela ausência de um sistema amplo de garantias, sem os quais a eficácia das normas é dizimada ao se chocar com imperativos do tipo técnico ou econômico que se opõe à força normativa dos preceitos jurídicos. A ausência de garantias não afeta a positividade dos direitos, mas somente seus mecanismos de proteção, de cuja inexistência ou insuficiência somente pode derivar-se a necessidade de implementar uma forma de proteção efetiva. Diante de quem nega a existência de um direito em virtude de sua precária proteção, Ferrajoli reinvindica – em função do princípio da legalidade – a plena vigência dos direitos positivamente estabelecidos e a obrigação que concerne aos poderes públicos, internos ou internacionais, de sanar a lacuna jurídica que comporta a inexistência de um sistema de garantias adequado. O princípio da plenitude do ordenamento demanda a identificação das carências deste e o desenho de garantias idôneas para impedir que estas se manifestem. Em função disso, os juristas e legisladores cumprem o imperativo de sanar as lacunas que se produzem para alcançar eficácia e a completude do ordenamento. A confusão entre direitos e garantias resulta inadmissível, pois desenvolvimentos desta natureza podem levar a resultados absurdos, como a desqualificação no plano jurídico da internacionalização dos direitos fundamentais e a constitucionalização

---

[75] FERRAJOLI, L.; "Pasado y futuro...", op. cit., p. 20-21.

dos direitos sociais, reduzidos a simples declarações retóricas vazias de conteúdo. Diante da falácia realista que reduz o direito ao fato, Ferrajoli aposta na articulação de um completo sistema de garantias que libere os direitos sociais de sua consideração programática, confiada a uma onerosa e complexa mediação política e burocrática.[76] Portanto, se uma norma válida carece de um adequado sistema de garantias que assegure seu cumprimento, essa carência deve ser considerada como uma lacuna do ordenamento jurídico que deve ser sanada.[77] E, talvez, uma das mais preocupantes reduções do pensamento jurídico contemporâneo consista precisamente nesta desvinculação entre o reconhecimento dos direitos e a consagração das normas constitucionais e a articulação de um sistema de garantias que permita conformar a realidade com as exigências normativas.

Por isso, fazer frente à *falácia garantista,* requer um esforço do constitucionalismo contemporâneo em superar a amargura de um direito estritamente vinculado ao ordenamento jurídico estatal. A crise atual do Estado ante a emergência dos processos globalizadores faz emergir um debate sobre as sedes do constitucionalismo e sua estreita vinculação ao Estado-Nação. Para Ferrajoli, a soberania é um pseudo-conceito, uma categoria antijurídica, um reduto anacrônico cuja continuidade contradiz a demanda de universalização dos direitos humanos, e o Estado, um modelo de organização incapaz de articular respostas válidas às urgências do presente. A crise do Estado-Nação se manifesta no deslocamento da soberania, no enfraquecimento do constitucionalismo, na alteração do sistema de fontes e na erosão da capacidade de decisão dos Estados na hora de implementar suas políticas. Este questionamento sobre a centralidade do Estado e de sua exclusividade na produção dos ordenamentos jurídicos guarda relação direta com a severa crítica que Ferrajoli dirige ao conceito de soberania que, em sua opinião, constitui um resíduo pré-moderno cujas consistência e legitimidade, do ponto de vista da teoria do direito, deve ser colocada em dúvida, já que existe uma antinomia irresolúvel entre soberania e direito que se

---

[76] FERRAJOLI, L. *Derechos y garantías...,* op. cit., p. 34, 43, 59-65 e 108-112. Sobre todas estas questões, observar a obra de DE JULIOS-CAMPUZANO, A. *La Globalización Ilustrada.* Ciudadanía, Derechos humanos y Constitucionalismo, op. cit., p.94-106.

[77] FERRAJOLI, L. *Derechos y garantías...,* op. cit., p. 62-63.

expressa, no âmbito interno, em seu conflito com o paradigma do Estado de Direito e a submissão de todo poder à lei e, no âmbito externo, em sua contradição com as Cartas Constitucionais de caráter internacional. A soberania é uma ideia essencialmente antitética com o direito já que comporta a noção de limites e de regras.[78]

Por isso, se o Estado não é capaz de desenvolver um sistema de garantias será preciso, então, transcender mais além dos estreitos confins da estatalidade, para conseguir espaços de cooperação e desenvolvimento mais plenos dos preceitos constitucionais, transferindo os centros de decisão até espaços amplos, de caráter regional, que permitam fazer frente ao desafio da inefetividade e da ausência de tutela, reformando convenientemente o sistema de fontes.[79] É preciso questionar o nexo histórico entre Estado e Constituição. O paradigma garantista do Estado de Direito, aponta Ferrajoli, é aplicável a qualquer ordenamento.[80] Afirma-se, assim, a vocação universalista de um constitucionalismo afetado pela mácula da ineficácia. Esse vínculo aparentemente indissolúvel entre Estado, Constituição e garantia dos direitos fundamentais revela-se agora como contingente.

A formação de um sistema adequado para a plena materialização das normas constitucionais quebra os esquemas de uma dogmática jurídica estreitamente vinculada ao Estado-Nação, cuja superação resulta agora em uma necessidade inafastável. A garantia dos direitos, sua realização em termos práticos, requer a implementação de novos modelos jurídicos de acordo com as exigências da interdependência na era da globalização. Busca-se novo saber jurídico capaz de estimular a demanda pela universalidade dos princípios constitucionais e de articular uma resposta eficaz à da crescente perda da capacidade normativa dos ordenamentos jurídicos estatais. A sobrevivência do constitucionalismo, enquanto compromisso axiológico substantivo, diante das investidas do capitalismo global clama por empenhos supranacionais. A via do cosmopolitismo constitucional não pode cifrar-se na redução da pluralidade a uma homogeneidade artificial

---

[78] FERRAJOLI, L. *Derechos y garantías*. La ley del más débil, op. cit., capítulo 5: "La soberanía en el mundo moderno", p. 125 ss.

[79] FERRAJOLI, L. *Derechos y garantías*. La ley del más débil, op. cit., p. 114-115.

[80] FERRAJOLI, L. *Derechos y garantías*. La ley del más débil, op. cit., p. 114-115.

e forçada. Não se trata, portanto, de suprimir os complexos ordenamentos jurídicos estatais, mas sim de articular mecanismos válidos de interpenetração e interdependência. Ao se enxergar a velha e já caduca imagem da Constituição como ápice de um ordenamento jurídico autárquico e autosuficiente, reivindica-se uma Constituição como momento articulador de complexas redes de normas interdependentes, capaz de evitar que as exigências fáticas dos mutantes fluxos normativos transnacionais não vulnerem as exigências normativas dos valores constitucionais. Um modelo de Constituição baseado na interdependência e não sobre a autarquia do sistema jurídico.

Neste sentido, a tarefa que urge ao constitucionalismo é tão árdua como a amplitude do compromisso de juristas e políticos por adotar soluções efetivas para problemas que afetam a toda espécie humana. Trata-se, como afirmou Lewis, de ampliar o firmamento legal, tradicionalmente concentrado em direitos civis e políticos, até novas necessidades relativas à exclusão social que alcançam os diferentes níveis da cotidianeidade; uma nova ordem jurídica e política cuja força expansiva não se limita às instituições públicas, mas sim afeta toda a ordem social. Diante desta pretensão, poder-se-á arguir que os mercados globais provocam uma inibição crescente dos poderes do Estado-Nação, no que concerne a sua capacidade para reger seus próprios assuntos.[81] Isto é, certamente, assim, mas a resposta será provavelmente o agrupamento regional de Estados-Nação afim de desenvolver um conjunto compartilhado de princípios constitucionais que assumam plenamente o objetivo último de melhorar as condições de vida dos homens em todo o planeta, ampliando o horizonte restrito de participação política manifestado, apenas, através das eleições. Lewis:

> Es tiempo de establecer una Constitución que proclame la importancia de la vida de las personas a través de generaciones y que asegure una medida adecuada de ayuda que permita a esos seres humanos vivir su vida en plenitud... El ordenamiento jurídico tiene que asumir su cuota de responsabilidad en la liberación de nuestras naturalezas intrínsencamente electivas.[82]

---

[81] LEWIS, N. D. *Choice and the Legal Order*. Rising above Politics, Butterworths, London, 1996, p. 201-202.

[82] LEWIS, N. D. *Choice and the Legal Order*. Rising above Politics, op. cit., p. 202.

5. Da assepsia ao compromisso: o dilema da Ciência do Direito

E agora é chegado o momento de se perguntar que dever possui a Ciência do Direito em todo este complexo e inquietante panorama: Que podem fazer a Ciência do Direito e a Teoria Jurídica dos tempos atuais na materialização de um novo constitucionalismo? Talvez se trate de uma tarefa que depende mais de vontade política do que de elaboração conceitual?

Em sua obra *¿Tiene razón el Derecho? Entre método científico y voluntad política*,[83] o professor Ollero realizava uma interessante reflexão sobre a mútua implicação da vontade política e do método jurídico: a interdependência entre ambas instâncias é uma constante na história do pensamento jurídico que não pode ser esquecida. Essa interdependência, certamente, faz com que o método científico não seja – não possa ser – um método asséptico, que esteja indefectivelmente vinculado a valorações pessoais: a objetividade nas ciências é somente uma pretensão inalcançável, pois todo ato de conhecer implica valorações prévias sobre a própria aproximação ao objeto de conhecimento que não podem ser esquecidas. Pois bem, se isto é assim, quer dizer, se o direito não pode ficar completamente isento de uma medida razoável de "vontade", também é certa a proposição contrária: que o direito não pode ficar reduzido a um puro ato de vontade, a uma manifestação radicalmente arbitrária de quem em determinado momento desempenha o poder. E isso por uma razão muito simples: porque todo poder precisa legitimar-se, justificar e justificar-se diante dos demais, especificando as razões de sua decisão para apresentá-la diante dos demais como legítima. E esse ato de justificação, que transcende a pura manifestação de vontade, é, mesmo que se queira ou não, um empenho racionalizador e argumentativo baseado no emprego de conceitos e categorias jurídicas e filosófico-políticas. Em definitivo, esse ato de justificação é, também, Ciência, porque esta íntima e profunda interpenetração entre método científico e vontade política, subjacente a toda forma de normatividade, mostra quão importante é o papel

---

[83] OLLERO TASSARA, A. *¿Tiene razón el derecho? Entre método científico y voluntad política*. Madrid: Congreso de los Diputados, 1996.

da Ciência do Direito. Se não se quer que a Constituição seja manuseada e estragada por quem, ávidos por poder, tratam de satisfazer suas mais obscuras pretensões sob um manto de falsa legitimidade, ter-se-á que cuidar meticulosamente para não deixar o caminho aberto a quem persegue este fim.

O dever da Ciência do Direito fica assim perfeitamente delimitado: estabelecer as condições teóricas para que esse novo constitucionalismo possa emergir, fiel a suas raízes, mas adaptado às novas circunstâncias, um constitucionalismo que requer vontade política, mas que precisará de colaborações prévias da Ciência e da Teoria do Direito para fundamentar as bases daquilo que Bentham chamou uma "jurisprudência geral": uma teoria do direito universalista, de vocação cosmopolita, capaz de libertar-se dos grilhões de arcanos e de dogmas, que podem firmar as bases de um metaconstitucionalismo de signo pluralista[84] que, construído a partir de uma metalinguagem, pode atuar como centro de convergência das diferentes tradições jurídicas e constitucionais. Pensar o direito desta forma é, simplesmente, pensá-lo com outros parâmetros, desconstruí-lo para voltar a construí-lo, reinventando os sentidos de uma emancipação no tempo em que se vive.[85] Esta ideia é refletida profundamente por Zagrebelsky quando aborda os novos sentidos da legitimidade na

---

[84] WALKER, N. "The Idea of Constitutional...", op. cit., p. 48. Esta vocação cosmopolita do constitucionalismo mereceu a atenção de um importante número de estudiosos nos últimos anos. Entende-se atrativa a proposta de Estado constitucional cooperativo formulada por Peter Häberle em sua obra *Pluralismo y Constitución. Estudios de Teoría Constitucional...*, op. cit., que, é trabalhada pormenorizadamente no terceiro capítulo desta obra.; esta dimensão da ordem constitucional transcende os âmbitos de validade territoriais dos Estado gerando um paradigma emergente que Gomes Canotilho denominou de "constitucionalismo global", modelo que, em fase embrionária, está ainda longe de substituir o "constitucionalismo nacional". Os elementos caracterizadores deste paradigma são: em primeiro lugar, a crise do modelo westfaliano das relações horizontais entre Estado; em segundo lugar, a progressiva imperatividade do direito internacional, que redimensiona princípios, valores e regras através de acordos, protocolos e convênios internacioanais, e, por último, a consagração da dignidade humana, como pedra angular de todos os constitucionalismos. Sobre esta questão: GOMES CANOTILHO, J. J.; "Teoría de la Constitución, Globalización Internacional e Integración Europea", en *Teoría de la Constitución...*, op. cit., p. 45-54.

[85] Sobre este mesmo aspecto, consultar GÓMES CANOTILHO, J. J. *Teoría de la Constitución...*, op. cit., p. 25 ss., trabalho em que o autor traça os aspectos singulares da crise do modelo constitucional predeterminado e autárquico na base de um amplo repertório de fatores ligados à complexidade social, a inclusão do estatuto jurídico do político do Estado social, a reflexividade do ordenamento constitucional, o aumento normativo e a própria crise do modelo estatal, entre outros.

contemporaneidade e, depois de aludir a uma legitimidade aberta às sucessivas elaborações e redefinições que rompa definitivamente com aquela concepção autárquica, fechada e conclusiva da Constituição e de seus horizontes de sentido, conclui:

> La legitimidad de la constitución depende entonces no de la legitimidad de quien la ha hecho y ha hablado por medio de ella, sino de la capacidad de ofrecer respuestas adecuadas a nuestro tiempo o, más precisamente, de la capacidad de la ciencia constitucional de buscar y encontrar esas respuestas en la constitución. En resumen: la constitución no dice, somos nosotros los que la hacemos decir.[86]

A construção de um novo modelo teórico não é uma tarefa isenta de dificuldades, porque requer, primeiramente, um desarme unilateral: o abandono das posições dogmáticas, daquelas que não podem ser argumentadas nem definidas através do discurso racional, e isso implica desconstruir as próprias categorias e métodos tradicionais para que ocorra uma reinvenção: um exercício de engenharia jurídica que obrigará a retirar a chave do sobrado para liberar os velhos conceitos e princípios que resultam já, simplesmente, inservíveis. Por isso, a iniciativa teórica reveste-se de suma importância, já que se trata de estabelecer condições prévias de legitimidade e não de legitimar *ex post factum* determinadas práticas jurídicas a que podem estar vinculadas. Se bem é certo que a vontade política resulta absolutamente imprescindível, também é verdade que os juristas não podem abdicar de suas responsabilidades, deixando a iniciativa em mãos de políticos, não sempre bem intencionados. O método sem a vontade não é suficiente. A vontade sem o método pode ser extraordinariamente prejudicial.

Desta perspectiva, convém levar em conta as observações que Norman Lewis realiza em seu trabalho *Choice and the Legal Order. Rising above Politics*. Para o professor da Universidade de Sheffield, o grande desafio dos tempos atuais é construir uma teoria jurídica sensível aos problemas cotidianos do homem, a suas concretas demandas enquanto criatura racional. Trata-se de conectar o direito com a vida, com os âmbitos social, político e econômico, os quais a longo prazo irão satisfazer as necessidades humanas e, consequentemente, construir uma teoria do direito

---

[86] ZAGREBELSKY, G. *Historia y Constitución...*, op. cit., p. 88.

e, com ela, uma concepção do jurídico, que não resulte impermeável as necessidades do homem.[87] Lewis rebate, consequentemente, as teses (cada vez com menos defensores) da separação radical entre direito e política, cuidando para esclarecer que seu desenvolvimento não se alinha com aqueles que sustentam a fusão de ambas as ordens, ou bem a usurpação da política pelo direito. No entanto, este autor matiza que a dicotomia tradicional entre direito e política é errônea e precisa ser substituída por uma concepção mais ampla do espectro jurídico-político em que o ponto médio fosse a combinação harmoniosa de ambos.[88]

Partindo destas premissas, o direito há de ser considerado, primariamente, como um leito – o mais idôneo, sem dúvida – para a satisfação das necessidades humanas, daquelas que se surgem com vigor no âmbito político e sobre as que raramente refletem a Teoria e Ciência do Direito. Neste sentido, a superabundância normativa que excede os limites do poder legislativo e que altera severamente os princípios constitutivos da ordem jurídica e as garantias constitucionais mais elementares, é sem dúvida, uma das questões que se deve enfrentar apressadamente.[89] A aparição de um amplo conjunto de instrumentos normativos de traço médio que é quase constitucional transmite um grau de desdenhável incerteza à cidadania cujas garantias se percebem assim menosprezadas drasticamente diante da dificuldade de se chegar ao conhecimento do direito vigente: normas "menores" que condicionam ou limitam o exercício de direitos ou faculdades constitucionais consagradas e que, por via indireta, constituem um leito encoberto de desconstitucionalização da própria Constituição.

Diante disso, recorda Lewis, é necessário uma Constituição capaz de insuflar novos ânimos a políticos e às instituições na busca e na maximização do potencial de escolha para todos os

---

[87] LEWIS, N.D . *Choice and the Legal Order...,* op. cit., p. 131 ss.

[88] Cfr. LEWIS, N. D. *Choice and the Legal Order...,* op. cit., p.137.

[89] LEWIS, N. D. *Choice and the Legal Order. Rising above Politics,* p. 131. Sobre esta nova *comprensión* do modelo constitucional, Lewis agrega: "Un orden legal que no reconoce este estado de cosas es inicuo e ilegitimo. Es hora ya de que la academia de constitucionalistas amplíe sus horizontes para proclamar su compromiso con la acción social así como para suscribir la proposición de que una sociedad libre es hostil contra la dirección centralizada y que, por tanto, sus instituciones políticas y sociales deben interactuar recíprocamente a través de un sistema de pesos y contrapesos". In: LEWIS, N. D. *Choice and the Legal Order...,* op. cit., p. 132.

indivíduos no território de um Estado. Esse modelo constitucional, requer, sem dúvida, um grande esforço em sua construção e, enquanto tal, precisa ser elaborado com uma dose considerável de habilidade. Trata-se de desenhar, portanto, um compromisso com a Constituição como sistema de valores que devem ficar definidos no texto constitucional como marco legal sobre o que descansa a adesão e o reconhecimento. O constitucionalismo asséptico e neutro do paleopositivismo é, a estas alturas, um modelo superado; mas é necessário dar um passo além: saltar da Constituição como horizonte político à Constituição como paradigma da ciência e da teoria do direito; quer dizer, trata-se de impregnar a Ciência do Direito de fins e valores, possibilitando que os instrumentos normativos estejam efetivamente a serviço de tão injuriadas cláusulas "políticas"do texto constitucional. Trata-se, portanto, de impregnar a ordem jurídica dos fins que o Estado persegue, cuja estrutura institucional não foi, nem pode ser, asséptica. E neste contexto, a interdependência cobra plenitude de sentido, como modelo de articulação teleológica de fins constitucionais. A crise do modelo westfaliano comporta também a crise de um repertório teleológico que permaneceu velado: o "interesse nacional", a "razão de estado", "a conquista territorial" ficam agora definitivamente postergados por um novo horizonte valorativo. Os fins do Estado constitucional ficam definidos, então, no âmbito interno, pelos conteúdos sociais, democráticos e ambientais e, no âmbito externo, pela cooperação e a solidariedade: um novo *ethos* coletivo de caráter supranacional que reafirma a vocação universalista do constitucionalismo.[90]

Esse é o panorama jurídico dos tempos atuas. E agora, pode-se seguir falando, como se nada houvesse acontecido – ignorando que a terra está se movendo continuamente – acerca da unidade e da completude do ordenamento, da primazia da lei, do sistema de fontes, da hierarquia normativa e da autonomia dos ordenamentos, alheios por completo à realidade que está entorno? Na verdade, vislumbra-se a complexidade crescente dos ordenamentos jurídicos, a diversificação dos instrumentos

---

[90] GOMES CANOTILHO, J. J. *Teoría de la Constitución...*, op. cit., p. 46. Sobre esta mesma questão, consultar PALOMBELLA, G. *Constitución y Soberanía.* El sentido de la democracia constitucional. Granada: Comares, 2000.

normativos, a descodificação,[91] a quebra do princípio da legalidade pela atuação discricionária e indiscriminada das múltiplas instâncias administrativas, a limitação da soberania dos Estados e a cessão de competências no âmbito internacional, *a lex mercatoria,* as corporações transnacionais, o pluralismo jurídico, as instâncias transnacionais de decisão, etc.[92] O que podemos fazer a partir da teoria e da ciência jurídica para dar resposta a estes novos fenômenos? Existe algo assim como um *vademecum* que nos permita apontar o caminho? Obviamente, não: existe muito temor de que este seja o grande obstáculo que a teoria jurídica dos tempos atuais tenha de salvar: a implementação coerente de novos princípios, conceitos e categorias que articulem de maneira coerente este complexo e difuso panorama normativo cujo traço distintivo não é precisamente a hierarquia, mas sim a interconexão e a interdependência. Não existe tal sorte de prontuário que permita resolver neste instante os problemas que, sem dúvida, serão objeto de preocupação nas próximas décadas. No entanto, é possível sugerir o que não se pode fazer: seguir construindo sobre bases instáveis uma Ciência Jurídica que não sobreviverá ao furação. É necessário "abrir os olhos", evocando o título da obra de um jovem cineasta espanhol, dar-se conta de que essa nova realidade demanda novas perspectivas, novos enfoques e categorias epistêmicas. Trata-se, em suma, de abandonar velhas elaborações teóricas, cuja insuficiência resulta evidente: deixar de pensar no ordenamento jurídico como um todo normativo, completo e hierarquicamente ordenado é, com toda segurança,

---

[91] O referencial jurídico da era da complexidade é, justamente, a descodificação. Assim acreditam Van der Kerchove e Ost, seguindo os desenvolvimentos de Bordieu: Existem condições intelectuais, sociais e políticas favoráveis à codificação no tempo presente, ao final do século XX? Isto é duvidoso, pois a codificação parece compreender um contexto geral de simplificação e unificação: "Codificação", tal como explica o sociólogo Bordieu, "faz as coisas simples, claras e comunicáveis". Já não se entrou numa era da complexidade? Não foram profundamente alterados os quatro paradigmas sobre os que descansou a busca pela codificação no período do apogeo (monismo jurídico, monismo político, racionalidade linear e dedutiva e temporalidade profética)? Portanto, hoje não se fala de codificação, mas sim de descodificação, no marco de uma política legislativa conjuntural cada vez mais diversificada (a do Estado de Bem-estar). Essa multiplicidade cresce atualmente mais além dos códigos clássicos, com grandes quantidades de legislação cada vez mais especializadas. In: VAN DER KERCHOVE, M.; OST, F.; *Legal System.* Between order and disorder, op. cit., p. 76-77).

[92] FARIA, J. E. *O Direito na economia globalizada,* op. cit.

a tarefa mais urgente que o jurista deverá abordar nos próximos anos.

Nessa medida, a ordem jurídica poderá assumir a carga valorativa do modelo do Estado constitucional da nova óptica: a de um ordenamento jurídico que não se submete "sem freios" à Constituição, mas sim que a faz sua, na medida em que somente a congruência material de seus instrumentos normativos pode reportar-lhe unidade sistemática. Assiste-se ao que se denominou transbordamento da Constituição associado à rematerialização da norma constitucional e sua garantia jurisdicional efetiva. Produz-se assim uma imersão da Constituição no conjunto do ordenamento jurídico, que deixa de precisar da mediação do legislador. O acesso à Constituição como norma suprema deixa de estar mediado pela lei – que fica desvalorizada, depreciada e deixada de lado pela força normativa da Constituição e do bloco axiológico que se proclama através dos princípios – para ficar agora livre desse condicionamento. Ao desaparecer o monopólio do legislador sobre a Constituição, esta deixa de estar aprisionada e cobra plena vigência social como conjunto normativo acessível de modo permanente, que regula a ampla variedade dos fenômenos sociais e que confere à Constituição um principal protagonismo, pois não há problema jurídico que não tenha relevância constitucional.[93] Guastini refere-se a isso como "a constitucionalização do ordenamento jurídico", fenômeno que tem sua causa na combinação de uma multiplicidade de fatores que rompe os velhos esquemas da dogmática jurídica e que se conecta com a concepção da Constituição como um texto aberto suscetível para adquirir diversos significados e que penetra inteiramente em todos os espaços do ordenamento.[94]

Se durante décadas e, inclusive, séculos a consistência teórica do direito dependeu da lógica de suas proposições normativas ou das condições intrassistemáticas que conferem validade às peças do ordenamento, hoje se pode afirmar que a nova argamassa do direito no século XXI será a congruência material dos conteúdos normativos: sua concordância substantiva com o conjunto de

---

[93] PRIETO SANCHÍS, L. "Neoconstitucionalismo y ponderación judicial". In: CARBONELL, M. (ed.). *Neoconstitucionalismo(s)*. Op. cit., p. 130 ss.

[94] GUASTINI, R. "La constitucionalización del ordenamiento jurídico: "el caso italiano". In: CARBONELL, M. (ed.); *Neoconstitucionalismo(s)*. Op. cit., p. 49 ss.

postulados que identificam as necessidades humanas, a presença de um forte conteúdo material da Constituição que se irradia por todo o ordenamento jurídico. No ponto onde o direito se sente como ilegítimo pouco importa que esteja revestido solenemente de todos os atributos próprios de uma legitimidade democrática aparente. A validade e a obrigatoriedade da Constituição não dependem da homogeneidade cultural e da unidade textual e semântica que outrora dominara nos textos constitucionais.[95] O neoconstitucionalismo possui um compromisso axiológico aberto e revisável, um conjunto de valores que marcam a direção do ordenamento social, dos programas normativos, das ações políticas e das medidas legislativas.

6. A propósito da legitimidade: a Constituição como regra de reconhecimento

Existe no subconsciente coletivo um arquétipo de constitucionalismo que determina, em última instância, a legitimidade das normas jurídicas. Essa "constituição" da Constituição é, por vezes, muito mais importante que a Constituição mesma, porque a aceitação e a eficácia das normas jurídicas depende, em certa medida, da concordância com seus postulados. Esta é, possivelmente, a base de uma identidade constitucional de cunho cosmopolita a que já se tem referido em outros momentos desse trabalho.[96] O que interessa ressaltar, agora, não é o aspecto identitário do conteúdo constitucional, mas sim como este opera na hora de proporcionar legitimidade e eficácia aos instrumentos normativos, toda vez que a validade permanece já, como se apontou, indefectivelmente vinculada à legitimidade externa convertida em critério intrassistemático, na medida em que foi incorporada ao bloco material do constitucionalismo substantivo, de modo que, de uma ou outra forma, a legitimidade externa das normas ficou vinculada a condições materiais de validade previstas no texto constitucional.

---

[95] PALOMBELLA, G. *Constitución y Soberanía....*,op. cit.

[96] DE JULIOS-CAMPUZANO, A. *La Globalización Ilustrada...*, op. cit.

Constitucionalismo em tempos de globalização

Dito isso, convém compartilhar nos fundamentos da aceitação social da normatividade jurídica em uma nova ordem constitucional, fundamentos que guardam uma relação estreita, inseparável e imediata com os critérios de legitimidade imperantes no subconsciente coletivo: uma espécie de catálogo axiológico que constitui o "núcleo duro" da Constituição não escrita, a perfeição da percepção social do texto constitucional. Essa é a função da justiça que, seguindo a Peces-Barba, integra as decisões constituintes fundamentais no âmbito axiológico e que se materializa nos princípios constitucionais, é a moralidade legalizada, o referente ético do constitucionalismo e um elemento indispensável para a coesão constitucional.[97]

Legitimidade e eficácia ficam assim diretamente entrelaçadas: ninguém duvida que, em uma ordem constitucional, a vigência das normas depende da aceitação das mesmas por parte de seus destinatários; e muitos poderão afirmar, também, que dita aceitação é, nesta medida, um ato livre que repousa sobre a adesão pessoal aos conteúdos normativos e a concordância destes com a norma suprema. O que ocorre, então, com a validade? Pois esta se constitui em uma variável jurídica da legitimidade e da eficácia; quer dizer, que a sobrevivência do ordenamento jurídico (entendendo como tal um conjunto aberto e interdependente de complexas redes normativas) depende diretamente da tradução em termos de validade das condições determinantes da legitimidade e da eficácia (desde que haja aceitação espontânea das proposições normativas). Uma afirmação desta natureza coloca por terra os presunçosos proclamas dos líderes de uma validade estritamente formal como característica primária e exclusiva da norma, algo radicalmente desvinculado das concretas circunstâncias em que a experiência jurídica toma corpo. Em uma ordem democrática, a validade fica vinculada aos mecanismos sociais e psicológicos que garantem a legitimidade e a eficácia da norma.[98]

---

[97] PECES-BARBA, G. "La Constitución en la cultura política y jurídica moderna"..., op. cit., p. 56-57.

[98] Em certo sentido, a posição de Peces-Barba em sua análise das funções da Constituição guarda algumas concomitâncias com o desenvolvimento que aqui se sustenta, ao estabelecer uma conexão estreita entre as funções de segurança, de justiça e de legitimidade da norma suprema, funções que sugerem uma remissão aos conceitos de validade, eficácia e legitimidade. In: PECES-BARBA, G. "La Constitución en la cultura política y jurídica moderna"..., op. cit., p. 51-61.

Como indicou Ferrajoli, o modelo do Estado Constitucional está associado a uma modificação substancial nas condições de existência e validade das normas jurídicas, pois a legalidade mesma fica agora subordinada à Constituição e garantida por uma específica jurisdição de legitimidade. A Constituição – e seus conteúdos substantivos – ficam elevados agora a condição da norma de reconhecimento da validade das normas. A validade das leis não depende já exclusivamente do procedimento seguido em sua elaboração e da competência do órgão do qual emana, mas sim também da concordância dos conteúdos da lei com os princípios constitucionais. Desde modo, ao introduzir uma dimensão substancial nas condições de validade das normas, o constitucionalismo contemporâneo completa, na opinião de Ferrajoli, dimensões tanto do Estado de Direito como do próprio positivismo jurídico, na medida em que se incorporam a condições de validade das normas não somente o *ser* do direito, mas também seu *dever ser*.[99]

Por isso, equivoca-se quem enfatiza a relevância da validade, deslocando o papel da legitimidade e da eficácia, jogando na própria materialização normativa das condições de validade da norma. Nos tempos atuais, a redução da legitimidade e da eficácia à condição de característica ideal da norma jurídica pode comportar um despropósito cujas consequências se traduzem na manutenção de um emaranhado conceitual que começa a mostrar-se deficitário. A operatividade da validade nas ordens jurídicas contemporâneas resolve-se em um jogo de três bandas entre legitimidade, eficácia e validade, sendo esta última, recipiente

---

[99] FERRAJOLI, L. "Pasado y futuro del Estado de Derecho". In: CARBONELL, M. (ed.). *Neoconstitucionalismo(s)*. Op. cit., p. 18 ss.; sobre a incorporação ao texto constitucional do *dever ser* e sua incidência na configuração das dimensões de validade e suas consequências sobre o paradigma constitucional, pode-se consultar: FERRAJOLI, L. *Garantismo. Una discusión sobre derecho y democracia*. Madrid: Trotta, 2006, p.26-28 e 58-61. Em sua obra *Derechos y garantías...*, op. cit., Ferrajoli realiza uma ampla análise das transformações da validade no constitucionalismo contemporâneo, que passaram a indentificar-se com a mera existência das normas, a acolher em seu seio uma dimensão material, vinculada agora aos conteúdos substanciais refletidos na Constituição. Partindo desta premissa, Ferrajoli distingue entre a vigência, referida a forma dos atos normativos, quer dizer, a sua correspondência com as exigências formais previstas nas normas sobre produção; a validade, que concerne ao significado e que, portanto, é uma consequência da coerência ou compatibilidade das normas produtivas com aquelas outras que estabelecem prescrições de caráter substancial sobre a produção daquelas. LUIGI, L. *Derechos y garantías...*, op. cit., p. 20-22.

Constitucionalismo em tempos de globalização

estritamente normativo em que irão ficar absorvidas as demandas essenciais da cidadania que garantem que as normas produzidas com respeito a estes parâmetros de validade previamente determinados serão legítimas e eficazes. A incorporação de critérios materiais de legitimidade dos mecanismos de validade previstos na Constituição converte a Carta Magna em uma "regra de reconhecimento" historicamente condicionada e empiricamente verificável. O denso conteúdo axiológico da Constituição atribui uma resposta nada desprezível ao problema – do fim do século – sobre o fundamento último de validade do ordenamento jurídico.

A alternativa a esta concepção ficou já suficientemente ponderada pela dinâmica dos acontecimentos históricos. Onde a validade se coloca como barricada contra as pretensões e expectativas da cidadania, a "validação" das normas conforme critérios exclusivamente intrassistemáticos garante, com toda probabilidade, a própria dissolução da ordem jurídica, pois, na medida em que a validade se constrói à margem das expectativas sociais, da perfeição axiológica do texto constitucional, a congruência material termina discorrendo pela senda de uma racionalidade jurídica estritamente legalista, incapaz de assumir em suas argumentações valorações de natureza moral que irão mais além das lacônicas cláusulas do texto constitucional, comprometendo com isso a neutralidade e independência do intérprete constitucional e dos operadores jurídicos quando lidam diariamente com a Constituição como norma suprema. As condições materiais de validade ficariam reduzidas, portanto, a uma espécie de expediente utilitário, meramente passivo, uma espécie de dique de contenção cujo objetivo final não seria outro que a delimitação material dos conteúdos normativos, e não a estruturação ativa dos instrumentos normativos conforme as regras da congruência material e da concordância prática. Permaneceriam, então, reduzidos novamente na perplexidade de um ordenamento cujas disfunções são a regra e não a exceção: uma multiplicidade caótica de normas cujo caráter excepcional e provisório somente pode ser encoberto mediante concretas atuações normativas que revestem de legalidade, o que não são, senão, meras contingências do ordenamento; um sistema legal, em suma, cuja racionalidade, unidade, coerência e legitimidade transparece profundamente a dúvida:

a) A racionalidade do ordenamento jurídico está em relação diretamente proporcional a sua capacidade para perseguir fins previamente definidos que podem resultar compatíveis, o que implica um esforço por contemplar o texto constitucional como um conjunto isolado de normas sem vinculação imediata entre elas, mas sim como um compacto bloco normativo, cuja interdependência lhe imprime vocação de totalidade. Desse modo, a congruência material dos instrumentos normativos se desenvolve a partir de uma interpretação integrativa e sistemática do texto constitucional, orientada até a modelação efetiva do sistema de valores que a Constituição representa e a compatibilização destes fins em uma unidade de relativa harmonia. Diante da racionalidade tecnológica ou instrumental, cuja preponderância no âmbito científico-técnico provocou sua frequente mudança à órbita do jurídico, é necessário reclamar uma racionalidade dos fins, uma racionalidade de caráter teleológico capaz de imprimir ordem na vida prática do homem. Diante da racionalidade sem sentimentos e vinculada aos frios cálculos técnico-econômicos, a racionalidade jurídica deve ser concebida não como uma forma de racionalidade independente de outras ordens regulamentares da vida humana, mas sim como um aspecto a mais de racionalidade prática, capaz de ligar os problemas humanos às concretas circunstâncias espaço-temporais existentes e de considerá-los imersos, de plano, na totalidade argumentativa, em que o político, o jurídico e o ético se entrecruzam sem se confundir.

b) Em segundo lugar, a unidade do ordenamento requer, ademais, um esforço inovador por integrar o conjunto das redes normativas transnacionais no sistema constitucional, redimensionando alguns dos conceitos e instrumentos já clássicos de teoria do ordenamento jurídico, mas sobretudo acolhendo um novo instrumental teórico que permita desenhar garantias frente à interferência nos âmbitos de validade das normas de diferente procedência. O pluralismo jurídico não é necessariamente um fenômeno negativo, antes disso, é uma realidade incontestável que pode e deve ter efeitos saudáveis na revitalização de certos espaços de cidadania e na assunção progressiva de responsabilidade por parte de certos setores da sociedade civil; mas depois ele se oculta na ameaça tangível da usurpação da produção normativa por novas instâncias transnacionais que podem comprometer gravemente a unidade do ordenamento, enquanto complexo normativo. É aí, justamente, onde os esforços devem se multiplicar no mesmo terreno em que se coloca o problema, isto é, em nível transnacional. Deste ponto de vista, o grande desafio do constitucionalismo reside em articular mecanismos de proteção global através de sólidas estruturas institucionais, entendendo que o ordenamento jurídico em sua concepção tradicional é, hoje, matéria inerte. Em definitivo, que o direito dos tempos atuais não pode desconhecer a realidade da crescente implicação recíproca de múltiplas instâncias jurídicas e que as normas operam como complexas redes normativas em que se cruzam e entrecruzam preceitos de natureza diversa, conformando um emaranhado dificilmente corrigível, cuja vigência e âmbito transcende com frequência as próprias fronteiras estatais. A questão, então, não será outra, senão decidir qual será o peso relativo aos textos constitucionais neste complexo emaranhado normativo. Não é propriamente uma questão de hierarquia, no sentido tradicional que a este termo se vem conferindo pela teoria jurídica, mas sim se trata de um problema de articulação em nível transnacional, de presença efetiva de conteúdos substanciais divididos; uma tarefa, em suma, em que o Direito Comparado cumpre uma missão inevitável e que desafia a própria capacidade do constitucionalismo estatalista em conformar modelos compartilhados de Direito constitucional comum,[100] como a proposta do professor da Universidade de Bayreuth, Peter Häberle, acerca de um Direito Constitucional Comum Europeu.[101]

c) No que concerne a coerência, resulta manifesto que o futuro do direito como sistema interdependente de normas dotado de uma dose de aceitável compatibilidade significativa, exige hodiernamente algo substancialmente distinto às correntes lógicas de validade que obtiveram atenção durante décadas, aquela

---

[100] Nesse sentido, é destacável a indagação que NORMAN D. LEWIS apresenta em sua obra *Choice and the Legal Order...*, op. cit., no momento em que realiza uma aproximação à regulação constitucional do livre mercado, advertindo que muitas das mais recentes Constituições do mundo tratam de materializar os princípios constitucionais da Carta Social Europeia, ainda que com diferentes graus de compromisso. In: LEWIS, N. D. capitulo IX "The social market economy and the constitucional framework", p. 178 ss.

[101] Consultar: HÄBERLE, P.; "Derecho Constitucional Común Europeo". In: PÉREZ LUÑO, A. E. *Derechos humanos y Constitucionalismo ante el tercer milenio*, Marcial Pons, Madrid, 1996, p. 187-223.

concepção lastreada na sistematicidade do ordenamento. De uma ou outra forma, a coerência constitui, certamente, uma das pedras angulares do ordenamento jurídico. E a ninguém pode ocultar-se que, justamente por isso, é uma de suas características mais perseguidas pela avalanche normativa que se precipitou nestas últimas décadas, tanto em nível interno, quanto em nível inter ou transnacional. Seja como for, as circunstâncias se alteraram tão drasticamente que já dificilmente se pode seguir sustentando aquela concepção clássica do ordenamento jurídico, parece lógico que, em boa medida, o conceito de coerência precisa ser profundamente reconsiderado. Em que sentido e com que alcance? Acaso se está falando simplesmente de sua definitiva erradicação? Não se crê que a discussão deva seguir por esta via, porque isso seria como negar que o direito pode ser uma forma racional de ordenação de convivência. Mas aqui está o problema: a nova concepção de coerência que deve abrir caminho não deve aspirar reduzir a complexidade das múltiplas manifestações jurídicas mediante sua anulação ou sua recondução definitiva a um modelo normativista-estatalista. Muito menos resulta aceitável reconduzir definitivamente a um modelo normativista-estatalista ou conformar-se a um modelo contingente de coerência radicalmente instável ou provisório. Tratar-se-ía, ao contrário, de assumir que sua função nem é meramente conjuntural nem tão pouco exclusivamente intrassistêmica, mas sim que seu fim último se condensa na salvaguarda efetiva da perfeição constitucional que constitui já um patrimônio cultural indiscutível. Nessa medida, a "rematerialização" constitucional garante que, em última instância, através da ponderação dos bens e valores constitucionais, estes ficarão salvaguardados não por uma interpretação isolada dos preceitos, legalista e estritamente normativista, mas sim por uma contemplação global do bloco constitucional que tende a suprimir as distâncias entre as concretas formulações normativas da norma suprema e a percepção social desse núcleo duro da "Constituição não escrita", que constitui, sem dúvida alguma, o banco de provas da legitimidade constitucional.

d) Finalmente, a crise do princípio da legitimidade demanda uma reconsideração profunda em um duplo sentido já parcialmente anunciado: em primeiro lugar, porque a legitimidade não pode seguir sendo concebida como uma característica "extrajurídica" da norma, mas sim é preciso que fique associada a uma concepção dinâmica de validade, de sorte que esta seja uma variável em termos sistemáticos das exigências de legitimidade e eficácia; de outra lado, porque a legitimidade "extrajurídica"não pode seguir desvinculada da legitimidade política. O reconhecimento da autoridade legislativa é o ponto de partida, pois inicia o processo psicológico de reconhecimento da legitimidade da norma, de modo que toda legitimidade jurídica remete, em última instância, a uma legitimidade "ab origine" de natureza política. Assim, se for verdade o anteriormente exposto, parece inescusável que, deste ponto de vista, os políticos têm diante de si um compromisso inequívoco com a democracia que demanda uma ação decisiva no âmbito supranacional, mediante a articulação de medidas efetivas de participação política.[102] Existe uma conexão imediata entre constitucionalismo e participação política, pois a base de todo regime constitucional é a expressão da vontade cidadã através de procedimentos legalmente previstos, a cidadania, quando centro de imputação de direitos e obrigações, somente adquire sentido na ordem democrática através do exercício efetivo da participação democrática, de modo que a Constituição, enquanto modelo normativo que expressa a vontade coletiva de convivência democrática, alcança sua máxima expressão na participação cidadã.[103] O novo desenho institucional das relações internacionais na ordem global deve ficar sob o guarda-chuva protetor da legitimidade democrática. Difícil tarefa que requer um duplo compromisso: a) o desenvolvimento de uma estrutura institucional supraestatal dotada de mecanismos adequados de representação em condições de paridade; b) a abertura do cenário supranacional a novos atores transnacionais, cuja participação nos processos de tomada de decisão pode refletir as demandas, iniciativas e inquietudes de uma sociedade civil transnacional em *estatus nascendi*.

Desse modo, a afirmação inicial fica fortalecida: a argamassa do ordenamento jurídico do século XXI não é outra que

---

[102] Sobre esta questão resulta particularmente ilustrativo o trabalho coletivo editado por CAMPBELL, D.; LEWIS, N. D. *Promoting Participation: Law or Politics?*. London: Cavendish, 1999.

[103] LEWIS, N. D.; "The constitutional implications of participation". In: CAMPBELL, D.; LEWIS, N. D. (eds.). *Promoting Participation: Law or Politics?...*, op. cit., p. 1-30.

a congruência material dos conteúdos normativos com o bloco axiológico que materializa a norma suprema; a "rematerialização" da Constituição leva desse modo a "rematerialização" do ordenamento, um ordenamento cuja sobrevivência fica condicionada a superação dos velhos esquemas de validade já definitivamente ultrapassados: conceitos e categorias que precisam ser repensados, quando não rechaçados sem paleativos. A ordem jurídica não subsiste à margem da realidade na qual se desenvolve, não tem uma lógica própia, nem goza de características distintivas de uma sistema autopoiético, sua autonomia não é independência e, provavelmente seja, também uma autonomia em quarentena. O cientificisimo deformado por um pensamento ébrio de autossuficiência somente pode levar a um estrondoso fetiche deste falso pedestal de neutralidade e de assepsia. A nova concepção da Constituição como elemento central de um ordenamento jurídico essencialmente aberto, poroso, permeável, policêntrico e plural leva a uma nova concepção da Ciência do Direito cujo estatuto epistemológico, como recordou Ferrajoli,[104] assume agora uma dimensão crítica e projetiva na medida em que se confia no trabalho de denunciar as divergências entre Constituição e legislação, em contraposição com o modelo explicativo que implantou a dogmática jurídica que deu suporte ao Estado Legislativo de Direito.

Nessa esteira, é o momento para a ciência jurídica e a teoria do direito abrirem os olhos para realidade mutante e vertiginosa dos tempos atuais e, também, assumam com decisão o compromisso inequivocamente moral e rotundamente jurídico de enfrentar os desafios hodiernos, salvando a quebra da racionalidade jurídica do velho constitucionalismo em momento de reconciliação entre o direito e a justiça. Chegou a época do constitucionalismo contemporâneo superar a matriz estatalista que lastra a vigência efetiva de seus postulados. Nos dias atuais, a congruência material de um constitucionalismo liberado definitivamente de arquétipos pseudocientíficos faz emergir sua própria vocação universalista. O constitucionalismo de amanhã somente existirá se romper definitivamente a matriz ultrapassada de uma ciência jurídica estritamente formalista, bem como o confinamento es-

---

[104] FERRAJOLI, L. "Pasado y futuro del Estado de Derecho". In: CARBONELL, M. (ed.); *Neoconstitucionalismo(s)*. Op. cit., p. 18-19.

pacial de seus limites territoriais. A coerência do ordenamento constitucional convoca a uma ciência jurídica inequivocadamente comprometida com os princípios constitucionais, uma ciência generalista capaz de transcender as fronteiras do velho estatalismo e articular mecanismos de cooperação capazes de fundamentar um eficaz sistema de garantias para tutela dos direitos. Novamente, a validade remete a legitimidade e a eficácia.

Capítulo III

Globalização e constitucionalismo cosmopolita

1. Pluralismo jurídico e globalização

A intensificação dos fluxos comerciais no âmbito transnacional e a crescente dependência dos Estados com relação às corporações transnacionais, às grandes instâncias econômicas e às forças que operam no mercado global têm consequências diretas sobre a capacidade de controle do Estado, sobre suas iniciativas de governo e seus programas políticos. Enfrenta-se o que se denominou de *"funcionalismo de mercado"*, que se caracteriza pelo enfraquecimento progressivo dos controles institucionais do sistema capitalista em nível internacional provocada pela fragilidade do sistema de *Bretton Woods:* um retorno à ideologia do *laissez faire* aprofundado pelas consequências bárbaras de um capitalismo desterritorializado que opera em nível global: esta ausência de controle, propiciada por uma confiança na própria capacidade do sistema para autorregular-se, converte-se na realidade, em uma séria ameaça para a preservação do sistema de liberdades da sociedade aberta e pluralista.[105]

---

[105] SOROS, G. *La crisis del capitalismo global. La sociedad abierta en peligro.* Madrid: Debate, 1999. Soros aposta pelo termo fundamentalismo por entender que resulta mais adequado do que liberalismo ou *laissez faire.* O fundamentalismo guarda uma posição extrema, embasada sobre argumentos absolutos, indiscutíveis, que operam como dogmas sem refutações possíveis, mas além de todos os contrastes empíricos: uma crença na perfeição, nos valores absolutos, no conhecimento perfeito. Op. cit., p. 158 ss. Sobre a pretendida falibilidade do sistema capitalista, Soros rejeita a crença generalizada de que os assuntos econômicos estejam submetidos a leis inexoráveis como as que regem o mundo físico e acrescenta que "as decisões e as estruturas que se baseiam nesta crença são desestabilizadores econômicos e perigosos do ponto de vista político". In:

Constitucionalismo em tempos de globalização

O novo mercado já é um macromercado de caráter supranacional cuja própia capacidade autorregulativa desafia continuamente aquela nobre aspiração política da modernidade que fazia do Estado a última instância de regulação e controle. Um modelo que encontraria importante disposta, sem dúvida, no Estado keynesiano como ápice de um processo de racionalização do poder político e econômico: o direito regulador como arquétipo da decisão pública coletiva e forma de realização da justiça, como garantia de uma distribuição equitativa de rendas e como corretor dos desequilíbrios internos do próprio sistema econômico, mediante a tutela de direitos de índole econômica e social.

Nesse contexto, a soberania se dilui em uma complexa rede de interdependências em que tudo fica condicionado e tratado por forças incontroláveis de um mercado global. Por estes parâmetros é fácil concluir que a incapacidade dos indivíduos de intervir nos processos de decisão global determinam sua (in)capacidade para atuar como cidadãos no âmbito do Estado, posto que a interdependência transnacional das relações econômicas reserva um amplo repertório de competências ao Estado. Isto provoca, também, inevitavelmente, uma fragmentação da cidadania cujos direitos de participação e decisão ficam formalmente incólumes, mas faticamente limitados e reduzidos a mera expressão de uma vontade eleitoral. Não se pode omitir, no entanto, que as consequências deste fenômeno afetam não somente ao *status* ativo da cidadania, mas alcançam em cheio a cidadania social: aquela que surge vinculada a uma concepção substantiva da cidadania a partir da eclosão do Estado Social de Direito. O retrocesso dos conteúdos sociais e das políticas redistributivas determina uma erosão profunda do conteúdo da cidadania de sorte que esta fica cerceada em benefício da governabilidade global do sistema, o que leva à redução da cidadania a sua dimensão estritamente cívico-política.[106] Este processo de paulativa submissão do Estado ao poder econômico transnacional, com a correlativa perda de

---

SOROS, G. Ob. cit., p. 61. Para uma crítica completa da ideología do mercado do ponto de vista da economia política, consultar MONTES, P. *El desorden neoliberal*. Madrid: Trotta, 1996.

[106] Para uma aproximação com esta temática é possível a consulta ao trabalho de PROCACCI, G. "Ciudadanos pobres, la ciudadanía social y la crisis del Estado del bienestar". In: GARCÍA, S.; LUKES, S. (comps.). *Ciudadanía: justicia social, identidad y participación*. Madrid: Siglo XXI de España., 1999, p. 15-44.

competências e de controle sobre suas políticas no âmbito interno, reveste-se de diversas formas.[107]

1.1. As novas instâncias de regulação

Ademais de uma densa rede de mecanismos informais de decisão na esfera econômica supranacional, a globalização gerou uma constelação de foros, instâncias e organismos econômicos internacionais, os quais, com a participação direta ou indireta dos Estados, ditam pautas, estabelecem medidas e promulgam resoluções que ordenam a atividade econômica dos mercados no âmbito intraestatal e no contexto internacional, limitando, assim, a margem de soberania dos Estados na definição de seus programas de política econômica e assistencial. O efeito que esta catarata de decisões supranacionais tem sobre a soberania estatal e, consequentemente, sobre os direitos de cidadania, resulta devastador. Toda vez que a possibilidade de manobra dos poderes públicos diante dos programas impostos nos foros econômicos internacionais fica reduzida drasticamente por um conjunto de disposições férreas a que o Estado deve submissão, pretende-se seguir contando com o apoio financeiro dessas instâncias internacionais. É fácil inferir que, nestas instâncias econômicas, as relações de poder interestatais são flagrantemente assimétricas, e que essa desigualdade provoca paradoxos sutis já que os Estados economicamente mais fracos se vêm arrastados de maneira inexorável pelas decisões que os países mais poderosos impõem *"democraticamente"* nos processos decisórios.

Desse modo, as estruturas de poder do sistema determinam a imposição coativa de seus programas de política econômica aos países menos desenvolvidos, os quais se vêm forçados a acatar os ditados da "governabilidade sistêmica", a partir de dois fatores principais: 1) o escasso peso destes países na esfera internacional e a possibilidade extraordinariamente limitada de intervir de forma relevante nos processos decisórios supranacionais; 2) a ajuda econômica das instâncias financeiras globais,

---

[107] Para uma referência ao desenho institucional do capitalismo transnacional, suas carências e propostas de reforma, pode-se consultar: AMIN, S. *El capitalismo en la era de la globalización*. Barcelona: Paidós, 1999 e CAVANAGH, J.; WYSHAM, D.; ARRUDA, M. (eds.). *Alternativas al orden económico global. Más allá de Bretton Woods*. Barcelona: Icaria, 1994.

cuja concessão fica subordinada à aceitação e desenvolvimento dos programas de ajustes econômicos elaborados pelos burocratas do capitalismo transnacional. Nesta rede complexa de instâncias e organismos participam não somente instituições oficiais, mas também foros informais que se arrogam competências na reordenação da economia mundial. Exemplo do primeiro são o Banco Mundial (B.M.), o Fundo Monetário Internacional (F.M.I.), a Organização para Cooperação e Desenvolvimento Econômico (O.C.D.E.), o Banco Central Europeo (B.C.E.), ou a Organização Mundial do Comércio (O.M.C.), que é a institucionalização com caráter permanente das diversas rondas de Acordos Gerais sobre Tarifas e Comercio (G.A.T.T.).[108] No segundo grupo, pode-se citar, sem ânimo de exaustão, os acordos periódicos dos países mais industrializados do planeta (G-7) e sua versão ampliada depois da incorporação da Federação Russa (G-8) ou os encontros periódicos dos líderes de Bancos Centrais.

1.2. As forças anônimas do mercado global

Os fluxos econômicos, financeiros e comerciais da economia global geraram interconexões e interdependências que propiciam a formação de corporações transnacionais: complexas estruturas empresariais com grande capacidade de gestão e adaptação às demandas mutantes dos mercados. Assiste-se a crescente transformação das companhias multinacionais em corporações transnacionais,[109] as quais comportam algo mais, muito mais, sem dúvida, que uma simples alteração semântica. As corporações transnacionais supõem um importante salto

---

[108] O Acordo Geral sobre Tarifas e Comércio foi assinado em outubro de 1947 e incorporado em 1948 à Carta de Havana, subscrita por cinquenta e três países. Ao concluir a Rodada Uruguai em 1993, e finalmente em Marrakesh em 1994, a comunidade de nações concordou em estabelecer a Organização Mundial do Comércio, cuja entrada em vigor se produziu em 01 de janeiro de 1995. Os objetivos da OMC ficavam sintetizados na colocação em prática da Ronda Uruguai, o estabelecimento de um foro para negociações, para a resolução de conflitos e para revisar as políticas comerciais, bem como a coordenação com o FMI e o BM para conseguir uma maior coerência na política econômica global. In: VV.AA. *Nuestra comunidad global. Informe de la Comisión de Gestión de los Asuntos Públicos Mundiales*. Madrid: Alianza, 1995, p.148.

[109] DREIFUSS, R. A. *A Época das Perplexidades. Mundialização, Globalização e Planetarização*: Novos Desafios, 3ª ed. Petrópolis: Vozes, 1999, p. 44-89. Também, cita-se: FARIA, J. E. *O Direito na economia globalizada*, op. cit., p. 72 ss.

qualitativo no controle dos recursos produtivos e em sua capacidade para gerenciar as unidades de produção e a maneira de distribuição dos produtos no mercado. Para isso, as corporações articulam um complexo emaranhado de estratégias tendentes à diversificação de produtos e serviços, de sedes, de provedores e de clientes, projetando novas técnicas produtivas que permitam a flexibilização da produção e da fragmentação do mundo do trabalho.

O novo modelo organizativo que representa a corporação transnacional vem dotado de uma estrutura ágil, flexível e operativa que lhe permite atuar com prontidão e dinamismo na tomada de decisões, uma estrutura que carece de uma concreta localização espacial: a corporação transnacional está em todas as partes onde a racionalidade do cálculo custo/benefício aconselhe sua presença. Diante da rígida, compacta, centralizada e monolítica organização hierárquica das empresas multinacionais, estritamente definidas quanto às funções e acontecimentos e desenhada para possibilitar um controle férreo da função executiva nos processos decisórios, as corporações transnacionais se apresentam como uma rede extraordinariamente flexível em sua estrutura interna e vêm dotadas de um alto grau de autonomia dos quadros de dirigentes locais nos processos de tomada de decisões. Isto lhes permite operar com rapidez no processo de adaptação contínua às demandas de um mercado que muda incessantemente. A companhia global se organiza mediante divisões empresariais. Sua organização reticular e descentralizada é, precisamente, a expressão mais inequívoca de transformações profundas que a globalização está produzindo no âmbito da economia e, mais concretamente, da produção e distribuição de bens e serviços. Como afirma Grahame Thompson, a corporação transnacional representa a síntese do capital global; sua base de operações, mais que um país concreto ou um grupo dos mesmos, é a arena global. Abastece-se uma ampla variedade de localizações geográficas ao longo do globo e tem-se uma visão geral de seu mercado, sem ficar reduzida a somente um centro de operações.[110] Um novo modelo empresarial para desenvolver estratégias também novas,

---

[110] THOMPSON, G. "Economic autonomy and advanced industrial State". In: MAC-GREW, A.; *Global Politics, Globalization and the Nation-State*. Cambridge: Polity Press, 1993, p.199.

cujo controle escapa de pleno a possibilidades regulatórias dos direitos estatais. Suas normas de caráter interno e seus acordos em nível transnacional com outras corporações são, com frequência, inacessíveis a qualquer jurisdição estal-internacional.

Que a corporação transnacional é uma das principais atrizes da cena global não existe dúvida, pois há uma quantidade de exemplos cujo peso específico em nível mundial é maior que o de muitos Estados. Assim, pode-se facilmente intuir que das inacessíveis e incontroláveis estruturas do poder das corporações transnacionais se adotam multidões de acordos que limitam faticamente a capacidade de participação dos cidadãos dos países afetados. Mas o que resulta especialmente alarmante não é que os Estados fiquem na dependência das decisões das grandes corporações industriais, comerciais ou financeiras, mas sim que, em muitas ocasiões, as decisões são adotadas por uma grande rede de interesses não identificáveis e por coalizões eventuais que se formam ao abrigo de vertiginosos e mutantes movimentos da economia global, com os quais florescem grandes práticas e acordos que oprimem os Estados sem que estes disponham de um interlocutor com o qual discutir, negociar, transacionar ou pactuar medidas alternativas que permitam ampliar o horizonte de governabilidade sistêmica. Esta complexa incerteza jurídica informal distorce gravemente os processos de produção normativa formais dos Estados e os foros internacionais dos quais estes mesmos são participantes e configuram um panorama plural de produção jurídica do qual, de uma ou outra forma, as normas e acordos das corporações transnacionais condicionam a margem de governabilidade dos Estados.

Dessa forma, a mudança radical na dinâmica de atuação do sistema de produção e organização dos mercados em nível planetário se constitui em um fator determinante da crise das instituições jurídicas do Estado-Nação, que se vê progressivamente transbordando pelas estruturas, mecanismo e procedimentos jurídicos no âmbito da economia global.[111]

---

[111] SOUSA SANTOS, B. DE. *La globalización del derecho. Los nuevos caminos de la regulación y la emancipación.* Bogotá: Universidad Nacional de Colombia/Instituto Latinoamericano de Servicios Legales Alternativos, 1998, p. 19 ss.

1.3. Obscuridade do Direito e descentralização normativa

As limitações que a governabilidade do sistema financeiro global introduziu no âmbito das políticas públicas estatais provocam a necessidade de adaptação e ajuste destas a margem de disponibilidade do sistema. Isto supõe que as políticas econômicas dos Estados têm de adaptar-se às exigências do mercado global se desejam entrar no circuito da competitividade econômica, cujas regras são ditadas por instâncias de poder difusas cuja legitimidade não é outra que a de outorga da concentração de capital e de recursos produtivos. A resistência a estas regras comporta um custo político muito elevado para os governantes dos Estados, na medida em que sua exclusão dos circuitos econômicos acarretará a rejeição do mercado, com o consequente escoamento do capital até lugares mais rentáveis, e a perda de investidores privados, o que provocará invariavelmente a desvalorização da moeda.[112] Com toda segurança, tal atitude será reprovada duramente pela cidadania mediante eleições ou qualquer outra forma de canalização do descontentamento social. Dessa forma, e seguindo Cox, o capital global ganha um efetivo poder de veto sobre as políticas públicas.[113]

Por outro lado, a integração financeira global produz uma estrutura reticular, flexível e capilarizada de interconexões e interdependências que se tece entre as forças econômicas privadas transnacionais e os Estados nacionais, especialmente através do serviço da dívida pública e da correlativa política monetária.[114] Como consequência de tudo isso, gera-se uma estrutura global de poder cujas instâncias decisórias ficam esfumaçadas em um conjunto indistinguível de instâncias e interações cujos contornos se diluem na vertigem dos intercâmbios econômicos e financeiros. Frente aos perfis institucionais definidos das estruturas estatais de decisão e das organizações internacionais cujos processos decisórios estão determinados com claridade, os novos âmbitos de

---

[112] HELD, D. *La democracia y el orden global*. Del Estado moderno al gobierno cosmopolita. Barcelona: Paidós, 1997, p. 164.

[113] COX, R. W. "Democracy in Hard Times: Economic Globalization and the Limits to Liberal Democracy". In: MCGREW, A. (ed.); *The Transformation of Democracy?*, Polity Press, Cambridge, 1997, p. 59. Citado. por GÓMEZ, J. M. *Política e democracia em tempos de globalização*. Petrópolis: Vozes, 2000, p.33.

[114] GÓMEZ, J. M. Política e democracia em tempos de globalização..., op. cit.

Constitucionalismo em tempos de globalização

decisão transgridem esta exigência elementar da cidadania, que fica indefesa e impotente, na medida em que a decisão coletiva é subtraída a sua participação e subordinada às convergências conjunturais de interesses econômicos globais que terminam impondo suas regras.

Dessa forma, os Estados se enfrentam em um panorama político descentralizado em nível internacional, de sorte que o direito estatal compete em distintos âmbitos de validade pessoal, material, espacial ou temporal. Ademais, com toda uma unida rede de normas, em muitos casos informais, surgidas ao abrigo da expansão exponencial do mercado e do sistema de produção global, novas formas de juridicidade entre as quais se destacam a legislação produzida pelos organismos multilaterais, os novos comandantes da contratualização jurídica, o surgimento de um direito privado transnacional entre organizações, o desenvolvimento de um direito "intraorganizacional" ou a emergência da *lex mercatoria,* entre outras.[115]

Assim, gera-se, frente à pretensão ilustrada de um direito previsível em sua produção e consequências, um novo paradigma do direito que introduz a obscuridade nos processos de formação das normas: instâncias que se desconhecem e muitas que não se têm acesso acabam por legislar sobre aspectos concretos da vida diária, sem que existam garantias que protejam os interesses de uma cidadania sem controle sobre essas novas instâncias legisladoras. A obscuridade destas novas formas jurídicas é a expressão mais evidente da insegurança e abandono da cidadania no âmbito transnacional, que se vê privada não somente da possibilidade de participar nos processos de formação da vontade dos novos órgãos legisladores senão, também, e principalmente, do recurso a uma jurisdição transnacional que proteja seus direitos e interesses.

Surge assim, um direito emergente e informal, separado das matizes tradicionais de produção jurídica estatal, um direito mutante e adaptável que interfere permanentemente nas esferas, até agora, exclusivas de produção legislativa dos Estados. Esse des-

---

[115] FARIA, J. E. *O Direito na economia globalizada...,* op. cit., p. 109. Sobre a função que exerce a *lex mercatoria* no surgimento de um contexto jurídico trasnacional, consultar: SOUSA SANTOS, B. DE. *La globalización del derecho...,* op. cit., especialmente p. 104-115.

locamento dos poderes de decisão jurídica – recorda Faria – gera a necessidade de organismos, mecanismos e sistemas supranacionais de coordenação macroeconômica, de orientação comercial, de harmonização das diferentes legislações em vigor, de articulação de interesses financeiros e de resolução dos conflitos que podem comprometer o "meio ambiente" das instituições financeiras e dos agentes produtivos – enfim, de uma inédita, ampla e complexa estrutura jurídica de natureza multilateral destinada a assegurar o funcionamento, sem riscos, traumas e inseguranças, de uma ordem econômica globalizada.[116] Evidentemente, como sublinhou o professor Pérez Luño, estes processos erosionam as formas de legitimação democráticas das normas jurídicas dos ordenamentos estatais em benefício de uma legitimação técnica baseada nas exigências de funcionamento inerentes à própria estrutura dos sistemas.[117] As teorias sistêmicas do direito se baseiam na consideração do sistema jurídico como um sistema autopoiético e partem, na opinião de Sousa Santos, de um programas mais vasto de processualização e reautonomização do direito. No entanto, na opinião do professor português, a discussão sobre a processualização e a reflexividade do direito é, em grande parte, uma questão falsa, pois descansa sobre uma concepção mistificadora: aquela que sustenta a autonomia do direito no Estado Liberal. De fato, essa autonomia do direito frente ao Estado desaparece no Estado Liberal, na medida em que a redução do direito do Estado, levada a efeito pelo Estado constitucional no século XIX sob a cobertura ideológica da Ciência do Direito, transformou a autonomia frente ao Estado em autonomia do direito dentro do Estado. O cientificismo do direito propagado pelo positivismo jurídico, foi crucial neste processo, já que funcionou como um espelho que simultaneamente refletia e dissimulava o estatalismo do direito. A falsa questão, continua o professor da Universidade de Coimbra, reside no pressuposto de que a especificidade operativa do direito é suficientemente "material" para que possa questionar-se o direito estatal sem questionar o Estado. É evidente que essa especificidade suscita alguns problemas operativos particulares, como por exemplo, a demora e custos da justiça, a

---

[116] FARIA, J. E. *O Direito na economia globalizada*, op. cit., p. 110.

[117] PÉREZ LUÑO, A. E. *Derechos Humanos, Estado de Derecho y Constitución*. Madrid: Tecnos, 1984, p. 199.

brutalidade policial ou a discricionariedade entre o direito escrito e o direito aplicado, mas trata-se de problemas cuja natureza não é técnico-jurídica, mas política. Isto é evidente, sobretudo, em dois dos defeitos da juridificação da vida social, ressaltados pelos defensores das teses processualistas e autopoiéticas: a ineficácia e materialização ou sobrecarga.[118]

2. A crise do Estado e o enfraquecimento da ordem constitucional

Desse modo, o processo de esvaziamento das próprias estruturas jurídicas estatais acarreta, ao final, um esvaziamento da própria ordem constitucional que fica desprovida da força normativa para regular as complexas e conflitivas interações sociais. Portanto, com o auxílio da interdependência cada vez maior dos processos sociais, produtivos e financeiros, as novas formas de juridicidade transnacional e internacional interseccionam com as formas clássicas da juridicidade estatal.

A Constituição fica aprisionada, assim, pela emergência de um paradigma jurídico global que torna incontroláveis os processos econômicos: a regulação dos mercados se distancia do âmbito público estatal e se desloca até âmbitos privados inacessíveis a um controle democrático. Emerge assim, um *constitucionalismo mercantil global* cuja essência é principalmente desreguladora; um constitucionalismo dos grandes interesses econômicos transnacionais que é, por sua própria essência, anticonstitucional, pois trata de evadir-se de todo controle e blindar-se contra toda intervenção. Desta sorte, a constituição econômica do mercado global brota da mais pura expressão dos interesses privados em nível transnacional, incidindo diretamente nos processos regulatórios dos Estados.[119] Estas interações situam o paradigma jurídico constitucional, ao mesmo tempo, em uma falsa dicotomia: a de ignorar esses processos que transcendem seu próprio âmbito

---

[118] SOUSA SANTOS, B. de. *A crítica da razão indolente*. Contra o desperdício da experiência. São Paulo: Cortez, 2000, p. 160 ss.

[119] SOUSA SANTOS, B. de. *Reinventar la democracia. Reinventar el Estado...*, op. cit., p. 10.

territorial, mas que determinam a aplicabilidade do texto constitucional com o risco de perder eficácia, ou de submeter-se a estes novos condicionamentos sócio-jurídicos de caráter *inter-trans*-nacional e *infra*-estatal para seguir mantendo um mínimo de coesão interna do ordenamento e uma razoável pretensão de eficácia normativa. Claro que a opção por esta segunda alternativa não é gratuita, posto que sua articulação normativa exige o recurso a uma série de técnicas jurídicas não isentas de custo na preservação da autonomia do poder político.

Deste modo o texto constitucional enfraquece os níveis de tutela jurídica para certas classes do direito (aqueles que se vinculam ao Estado-Providência por seu caráter prestacional) e incrementa o número de normas programáticas cuja articulação intraordenamental resulta impossível de se harmonizar com as exigências dos sistema técnico-produtivo, o qual se traduz em uma privação de mecanismo de proteção jurisdicional e de defesa cidadã dos direitos econômicos, sociais e culturais consagrados nos solenes programas constitucionais.

Da mesma maneira, a Constituição se mostra agora neste âmbito mais inclinada à indefinição mediante o uso de conceitos jurídicos indeterminados em muitos de seus preceitos e incorpora redações essencialmente abertas de sua articulação, cuja interpretação fica encomendada à própria governabilidade funcional do sistema mediante o correspondente desenvolvimento legislativo. Faz-se, então, evidente a insuficiência crescente do modelo político estatal e de sua correspondente estrutura jurídica para seguir garantindo níveis aceitáveis de igualdade material e de justiça social: o conteúdo prestacional dos direitos fica assim fortemente condicionado por circunstâncias externas e retorna-se ao debate em torno da natureza constitucional destes direitos-prestação, desenvolvendo-se, assim, os argumentos aduzidos no constitucionalismo alemão por Ernst Forsthoff e Carl Schmitt. Ao privar de vigor constitucional estes direitos, volta-se a insistir em que a dimensão social do Estado corresponde ao âmbito da Administração e que constitui uma distorção inadimissível sua plena incorporação como direitos constitucionais dotados de uma efetiva proteção jurídica: *"Em suma, o terreno da realização dos programas socioeconômicos é o da legislação e da administração, mas não é o das normas constitucionais."*[120] Este renascimento do debate em torno dos direitos sociais encobre em realidade um movimento contra a Constituição como paradigma regulativo que assume a tarefa de transformação social, conforme o programa keynesiano a fim de programar a realização plena dos direito humanos.

Esta flexibilização do jurídico em nível constitucional se vê graficamente refletida com perspicácia na ideia do *direito dúctil* de Zagrebelsky. Para o professor da Universidade de Turin, a transformação da soberania estatal determina uma transformação do paradigma constitucional que permite sua adequação às atuais circunstâncias do Estado contemporâneo, que se vê restringido pelos novos processos que alteram a compreensão do caráter dogmático da soberania. Entre esses *"fatores destruidores da soberania"* como Zagrebelsky os denomina, destacam-se o pluralismo social e político em nível interno, a formação de espaços de poder alternativos de âmbito supraestatal que operam no campo econômico, político, cultural e religioso e a progressiva institucionalização de contextos que integram os poderes estatais, subtraindo a participação dos Estados particulares. A independência do sistema econômico e seu aparecimento em esfera transnacional revela, cada vez com mais claridade, a crise do modelo de Westfália,[121] baseado na capacidade reguladora do Estado-Nação.

Como Richard Falk demonstrou, a estrutura político-institucional baseada na ordem instaurada depois da paz de Westfália facilitou o estabelecimento de uma elaborada arquitetura normativa durante o último meio século. A dinâmica da globalização, no entanto, enfraqueceu a capacidade de muitos Estados para cumprir suas obrigações, especialmente no que se refere aos direitos econômicos e sociais. A globalização está enfraquecendo as estruturas do Estado, especialmente em relação a sua capacidade de promover bens públicos globais, sua função tradicional

---

[120] PÉREZ LUÑO, A. E. *Derechos humanos, Estado de Derecho y Constitución...*, op. cit. p. 224-225.

[121] Convém recordar que a Paz de Westfália, assinada em 1648 nas cidades de Münster e Osnabrück, veio a colocar fim à Guerra dos Trinta Anos e, mais ainda, aos conflitos religiosos da época, consagrando o princípio *cuius regio eius religio*, a partir da proclamação da soberania estatal, o consequente reconhecimento do Estado-Nação como modelo de organização jurídico-político e como ator exclusivo na ordem internacional.

de incrementar a qualidade de vida dentro dos limites do Estado, e, além disso, a de assistir e proteger os mais vulneráveis dentro de suas fronteiras.[122]

Segundo Zagrabelsky, o traço mais notório do direito constitucional contemporâneo não é a substituição radical das categorias tradicionais, mas sim a perda da centralidade, a qual comporta uma decisiva mudança no âmbito jurídico-constitucional, posto que a Ciência do Direito público se vê forçada a adequar suas próprias condições de trabalho: ao estar privada de um ponto unificador já não pode formular suas categorias, dotando-as de um significado concreto determinado *a priori,* mas sim que o significado deve ser construído.[123] Longe, pois, da afirmação do caráter fechado, unívoco e predeterminado das normas constitucionais, parece impor-se a ideia de um direito constitucional em construção, cimentado sobre um conjunto de materiais normativos flexíveis, versáteis e dúcteis que permitam a adaptação a circunstâncias mutantes, de acordo com a concepção hartiana de norma como textura aberta (*as an open texture*).

Que papel se reserva, então, ao texto constitucional deste novo cenário? Seguindo Faria,[124] tem-se de reconhecer que as novas circunstâncias socioeconômicas e técnico-produtivas determinam seriamente o papel do texto constitucional nos ordenamentos contemporâneos, até o ponto de que o modelo de Constituição dirigente resulta atualmente inviável. No período do apogeo do *Welfare State* a norma suprema exercia a dupla função de estabelecer, a) por um lado, um estatuto organizativo, que distribuía competências e estabelecia processos no âmbito do direito estatal, e b) por outro, um estatuto político, em que se determinavam as diretrizes programáticas e princípios constitucionais que deviam guiar a ação de legisladores e governantes. No entanto, na situação atual as condições sociais determinam

---

[122] FALK, R. "The challenge of genocide and genocidal politics in an era of globalisation". In: DUNNE, T.; WHEELER, N. J. *Human Rights in Global Politics.* Cambridge: Cambridge University Press, 1999, p. 181 e 190.

[123] ZAGREBELSKY, G. *El derecho dúctil. Ley, derechos, justicia...,* op. cit., p. 10 ss.

[124] FARIA, J. E. *O Direito* na economia *globalizada...,* op. cit., p. 33 ss. Para uma análise das carências e dificuldades do modelo de Constituição dirigente, ver: GOMES CANOTILHO, J. J. "¿Revisar la/o romper con la constitución dirigente? Defensa de un constitucionalismo moralmente reflexivo", Revista Española de Derecho Constitucional, Año XV, 43, enero-abril de 1995, p. 9-23.

um enfraquecimento desta segunda função, agravada fundamentalmente nas últimas décadas e especialmente no que se refere aos direitos econômicos, sociais e culturais. Ocorre que a irrupção dos processos de produção em escala global e a gradual interdependência dos mercados financeiros e de mercadorias determinam, sem dúvida, uma nova fase do constitucionalismo contemporâneo, que se percebe absorvido pela força centrípeta dos grandes interesses econômicos transnacionais, articulados estrategicamente em estruturas de vigor global cuja capacidade de influir no desenvolvimento das políticas estais é praticamente ilimitada.

Por isso, o enfraquecimento do Estado e a expansão do ordenamento jurídico[125] alcança em cheio o texto constitucional, ainda que este siga mantendo essa aparência de unidade e concordância que tão essencial resulta a própria conformação do Estado de Direito. Pretende-se dizer, em suma, que o recuo das funções do Estado por obra da expansão frenética do subsistema econômico alcança as Cartas constitucionais cujo conteúdo programático perde vigor, condicionados pelas regras da governabilidade sistêmica estabelecidas pelas grandes instâncias econômicas transnacionais. Isto, obviamente, afeta a força normativa da Constituição, cujas cláusulas sociais ficam ao acaso das forças imprevisíveis do mercado, na medida em que a ausência de mecanismos efetivos de proteção e tutela propicia que legisladores e governantes possam sacrificar o pleno desenvolvimento das já frágeis demandas constitucionais em benefício da governabilidade sistêmica.

Sendo assim, permanece incólume o estatuto organizativo desenhado na Constituição, cujas cláusulas continuam absolutamente ilesas, ao menos do ponto de vista estritamente formal. Seria um insuportável exercício de ingenuidade pensar que as grandes estruturas econômicas transacionais não afetam faticamente ao estatuto organizativo estatal, como se os ditados das grandes instâncias supranacionais não incidissem na distribuição de competências que realiza a norma constitucional. Acaso as competências do poder executivo não ficam condicionadas pela via de fato a programas de intervenção econômica do Banco Mundial e os projetos financeiros do Fundo Monetário

---

[125] PÉREZ LUÑO, A. E. *El desbordamiento de las fuentes del derecho...*, op. cit.

Internacional? O que dizer dos acordos gerais sobre tarifas e comércio (GATT) hoje transformados em estrutura estável de decisão e gestão sob o asséptico rótulo da Organização Mundial do Comércio? Onde ficam as pressões das grandes corporações e dos *lobbies* transnacionais sobre o desenho das políticas econômicas públicas? Não se assistiu, também, *de fato* a uma drástica limitação de competências do estatuto organizativo do Estado constitucional?

Este domínio que o sistema capitalista exerce sobre o espaço político restringe o âmbito público e limita drasticamente o discurso democrático, cerceando com isso a capacidade da cidadania para modular ações estratégicas e programas políticos específicos. Dessa maneira, como mostrou David Held, a capacidade decisória do Estado fica profundamente atingida ao produzir-se uma redução de sua capacidade para controlar sua próprio futuro democrático. Esta diminuição da autonomia estatal abre uma brecha entre a dinâmica da economia política contemporânea e o princípio democrático segundo o qual a comunidade política decide seu próprio futuro.[126] Isto quer dizer que a democracia se converte em réu do mercado e que a política se dilui diante da intensidade crescente e o arranque irrefreável das forças expansivas do capitalismo, o qual gera uma sensação de frustração e desânimo na cidadania, que provoca deserção desta do espaço público. Verifica-se, assim, como sublinha Gómez:

> Un ostensivo debilitamiento de la democracia liberal, que es reforzado, por un lado, por los procesos en curso de intensa fragmentación de la sociedad civil (traducida en la explosión de identidades definidas en términos de género, religiosas, étnicas, locales, nacionales, etc., que el fenómeno del "multiculturalismo" evoca), y, por otro, por el debilitamiento de los antiguos componentes de identidad y organización colectiva (especialmente los vinculados al mundo del trabajo), derivado del efecto combinado de la reestructuración global de la producción y de la propia implementación de las reformas económicas neoliberales pro-mercado.[127]

---

[126] Insta sublinhar que esta situação se produz com maior força nos países subdesenvolvidos ou em vias de desenvolvimento. In: .HELD, D. *La democracia y el orden global. Del Estado moderno al gobierno cosmopolita*, op. cit., p. 166.

[127] GÓMEZ, J. M. *Política e democracia em tempos de globalizaçao*, op. cit., p. 40.

A persistência desta situação, em qualquer de suas manifestações, provoca o retrocesso do Estado regulador: um modelo de Estado que surge a partir do Segundo Pós-Guerra e que se caracteriza pela planificação estatal, pela intervenção governamental, pela utilização do direito como instrumento de controle, gestão, direção, e por políticas sociais formuladas com o objetivo de assegurar níveis mínimos de igualdade.[128] Forçado por estas circunstâncias, o Estado se vê obrigado a retroceder em seus programas de ação social e econômica, bem como a abdicar dos conteúdos básicos do direito regulador, perdendo progressivamente o controle sobre suas competências tradicionais. A nova estética do capitalismo transnacional parece impor seus cânones: o Estado social corresponde a um modelo estético anacrônico, semelhante ao que Rubens exibe com graça, na gozada *Três Graças* expressão grosseira de uma beleza de grandes dimensões. Tal desmedida não é esteticamente correta, por isso urge submeter o Estado a um tratamento acelerado de emagrecimento, de tal forma que os programas sociais são julgados como a "celulite" política dos tempos atuais, uma carga de graxa desnecessária e supérflua que se recomenda eliminar mediante a moderna técnica cirúrgica da "liposuccção". E como a ruga já não é bela, um "*lifting*" rejuvenecedor retirará do rosto estatal as marcas que a agressão de agentes externos (o direito regulador, a justiça social, a intervenção de mercado) foi marcando sobre seu rosto. Já se tem um Estado plenamente incorporado aos novos padrões estéticos da economia global. E melhor será não analisar o custo, em termos de racionalidade teleológica, de adaptação do Estado a esta nova visão estética.

---

[128] FARIA, J. E. *O Direito na economia globalizada*, op. cit., p. 111. Para Faria, o esgotamento do programa keynesiano se dá especialmente evidente a partir da crise do petróleo, da instabilidade monetária e da crise financeira dos anos 70, que aprofunda os problemas de financiamento dos Estados para a manutenção do gasto social. Como consequência disso, acontece a aceleração da inflação, o declínio da arrecadação fiscal, o aumento dos gastos públicos e a elevação das taxas de desemprego, com a consequente ampliação das tensões laborais e as pressões sindicais. Ao entrar em crise, o círculo virtuoso entre crescimento e correção de desigualdades, o repertório de fórmulas, métodos, estratégias e instrumentos regulatórios das políticas keynesianas e do Estado social que as implementava acabou esgotando suas virtudes. In: FARIA, J. E. *O Direito na economia globalizada...*, op. cit., p. 116.

3. A Constituição como compromisso cultural

A perda do protagonismo do texto constitucional na ordenação social e sua, cada vez mais clara, incapacidade para submeter os processos socioeconômicos à força normativa de seus postulados agrava a crise do direito regulador e do Estado social que se vê compelido a submeter-se aos ditados da economia transnacional e às exigências da nova ordem global. Desse modo, a consciência da crise do modelo constitucional vai tornando-se mais explícita, até o ponto de alguns autores proclamarem a redução da Constituição a seu valor simbólico. Ocorre que, as consideráveis limitações que o novo contexto transnacional impõe ao paradigma constitucional provoca, como já se apontou, um esvaziamento das cláusulas da norma fundamental. Essa tendência a converter o texto constitucional em documento simbólico – uma espécie de magna carta da identidade nacional – foi cristalizada recentemente na tese do patriotismo constitucional elaborada por Dolf Sternberger e defendida por Jürgen Habermas.[129] Nestes termos, o patriotismo constitucional se apresenta como uma forma de universalismo consolidado nos valores democráticos que resume a Constituição: um universalismo comprometido com o pluralismo, com as pretensões legítimas das demais formas de vida, e que trata de ampliar os espaços de tolerância. O patriotismo constitucional encerra, assim, um elemento cosmopolita que não foge dos perfis específicos de cada identidade. Trata-se dos valores do constitucionalismo que se fundam na cultura política de cada povo e enraízam-se com perfis próprios e definidos. Sua inserção em um concreto contexto histórico precisa que fique ancorado nas próprias formas culturais de vida.[130]

De outra perspectiva, Zagrebelsky sustentou que o papel atual que a Constituição exerce apresenta-se em sua qualidade para erigir um centro de convergência de valores e princípios, em cujo âmbito somente teriam caráter absoluto duas exigências constitucionais: do ponto de vista substantivo, os direitos

---

[129] STERNBERGER, D. *Patriotismo constitucional*, op. cit. Sobre o enfoque de Habermas a tese de Sternberger: "Patriotismo de la constitución, en general y en particular". In: HABERMAS, J.; *La necesidad de revisión de la izquierda...*, op. cit., p. 211-249.

[130] HABERMAS, J. "Patriotismo de la constitución, en general y en particular". Op. cit., p. 218-219.

fundamentais da cidadania e a manutenção do pluralismo axiológico; do ponto de vista procedimental, as garantias de que o jogo político se submeterá à lei, sujeitando-se a regras políticas estáveis, claras e acatadas por todos os atores.[131] Dessa maneira, a Constituição assume um papel absolutamente decisivo nas complexas, heterogêneas e plurais sociedades contemporâneas, dado que a diversidade de interesses em conflito ultrapassa o próprio ordenamento jurídico e, com ele, a lei como principal fonte de produção jurídica no Estado de Direito. Seu lugar é ocupado agora pela Constituição como paradigma de uma produção flexível e plural cuja convergência somente pode resultar possível através dos princípios e valores estabelecidos na norma fundamental. A Constituição como elemento que possibilita uma unidade precária e plural, mas imprescindível para salvar o ordenamento da desordem juridificadora a que parece subsumido: o império da lei já não é garantia de racionalidade e de ordem, de unidade e de paz. O trono vazio deste monarca desenganado somente pode ser ocupado pela Constituição.

Compartilhando em sua dimensão identitária o professor alemão Peter Häberle refere, em sua obra *Teoría de la Constitución como Ciencia de la Cultura*, ao valor integrador da Constituição como elemento a partir do qual se formam vínculos culturais entre os membros da comunidade jurídica. Precisamente o Estado constitucional democrático é uma consequência cultural, de modo que a função do texto constitucional está diretamente vinculada ao trabalho não meramente simbólico de produzir um conjunto de identidades plurais que deem suporte à ordem constitucional. A Constituição se entrelaça assim com o acervo cultural do povo e se enraíza com ele: é parte de sua vida, tanto que contribui com a função de conformar sua identidade. Esta dupla dimensão cultural da Constituição – como produto cultural e como criadora de cultura – a converte de fato em elemento nuclear da sociedade. Por isso, Häberle sustenta que

> La Constitución no se limita a ser sólo un conjunto de textos jurídicos o un mero compendio de reglas normativas, sino la expresión de un cierto grado de desarrollo cultural, un medio de autorrepresentación propia

---

[131] ZAGREBELSKY, G. *El derecho dúctil...*, op. cit., p. 13-14. A citação procede de la página 14.

de todo un pueblo, espejo de su legado cultural y fundamento de sus esperanzas y deseos.[132]

Esta concepção da teoria constitucional entende, em definitivo, a Constituição como um conjunto histórico-cultural construído sobre a premissa antropológica da dignidade humana que termina na democracia como consequência orgânica. Seu caráter essencialmente cultural supõe, portanto, o reconhecimento de que a Constituição é muito mais que um texto jurídico, que seus conteúdos não se esgotam na pura e simples expressão normativa, mas que canalizam e expressam formas de vida cristalizadas na cultura cuja compreensão está submetida a própria evolução sociocultural. Em um texto clarificador, Haberle explicita este aspecto:

> La Constitución constituye el poder y lo limita. No es sólo un texto jurídico, sino también un contexto cultural. Comentarios, textos, instituciones y procedimientos simplemente jurídicos no llegan a abarcarla. La Constitución no es sólo un orden jurídico para juristas (...) Actúa esencialmente también como guía para no juristas: para ciudadanos y grupos.(...) Con otras palabras: la realidad jurídica del Estado constitucional representa sólo una parte de la realidad de una Constitución viva, que, en profundidad, es de naturaleza cultural. Los textos constitucionales deben ser literalmente *cultivados* para que resulten una Constitución.[133]

Justamente por isso a *Teoria da Constituição* não se refere a um modelo histórico concreto, mas sim alude a um arquétipo, um modelo ideal que possivelmente não exista, mas ao qual se tende. Em suma, um horizonte a alcançar. Esse arquético conflui os elementos de toda uma tradição cultural tal como esta se foi desenvolvendo historicamente, conformando assim um paradigma, situado em nível de dever ser, com tendência a se obter um nível de realização (do "ser") o mais adequado possível. Os elementos conformadores do modelo constitucional são os seguintes:

---

[132] HÄBERLE, P. *Teoría de la Constitución como ciencia de la cultura*. Madrid: Tecnos, 2000, p. 34. No contexto espanhol, o professor Lucas Verdú insiste sobre a dimensão cultural da tradição constitucional como lugar de encontro e convergência em torno de um núcleo axiológico. In: LUCAS VERDÚ, P. *Teoría de la Constitución como Ciencia Cultural*. Madrid: Dykinson, 1997.

[133] HÄBERLE, P. *Libertad, igualdad, fraternidad. 1789 como historia, actualidad y futuro del Estado constitucional...*, op. cit., p. 46-47.

Constitucionalismo em tempos de globalização

a) Em primeiro lugar, a dignidade humana como postulado essencial de onde derivam alguns direitos humanos universais, expressão de uma tradição histórica e de aspirações e expectativas para o futuro.

b) O princípio da soberania popular, entendido não como a expressão de uma vontade majoritária, mas sim como um compromisso que se renova de forma aberta e responsável

c) A concepção da Constituição como pacto, isto é, como um projeto comum de convivência reduzidos em um conjunto de objetivos e valores compartilhados.

d) O princípio da divisão de poderes em sua acepção estatal mais restrita e em seu sentido plural mais amplo.

e) O Estado de Direito e o Estado social de Direito, com todos os elementos e garantias que lhes são inerentes.[134]

Com estes componentes, o "compromisso cultural" da Constituição não se apresenta como um compromisso essencialmente pluralista, sem que isso possa ser contemplado como uma força desreguladora: antes disso, a Constituição postula um conjunto de valores sedimentados em um conjunto histórico-cultural que o próprio texto constitucional consolida e fortalece. Por isso, a Constituição deve ser vivida, cultivada; seus preceitos, seus valores, somente são tais, na medida em que se convertem em cultura vivida e experimentada. A teoria da Constituição como teorização dos processos culturais que desenvolve a Constituição e que esta se faz imersa emerge, então, como *"a conquista cultural por antonomasia, uma "cristalização cultural" resultante da união entre o povo e a dignidade humana, entre razão e a liberdade, entre interesses particulares e bem comum, entre o poder e o Direito".*[135] A unidade que a Constituição estabelece é, justamente, uma unidade cultural plural que possibilita não somente

---

[134] HÄBERLE, P. *Teoría de la Constitución como ciencia de la cultura,* op. cit., p. 33-34. Deve-se recordar que a proposta do professor de Bayreuth de um Direito constitucional comum europeo (*ius commune constitutionale europeum*) é assimilado como um estado intermediário de um projeto de amplo aspecto cosmopolita que termina em um Estado constitucional de nível planetário. Cita-se: HÄBERLE, P. "Derecho constitucional común europeo". In: PÉREZ LUÑO, A. E. (ed.) *Derechos humanos y constitucionalismo ante el tercer milenio...*, op. cit., p. 187-223. Para uma crítica às posições de Häberle sobre o DCCE, vid. PÉREZ LUÑO, A. E.; "Derechos humanos y constitucionalismo en la actualidad: ¿continuidad o cambio de paradigma?" Op. cit., p. 22-32.

[135] HÄBERLE, P. *Teoría de la Constitución...*, op. cit., p. 106.

a integração de um complexo ordenamento jurídico formado do reconhecimento do pluralismo jurídico, mas também a própria coesão social.

Com isso, Häberle inscreve o paradigma constitucional nas coordenadas da liberdade e do pluralismo, de modo que a Constituição da liberdade é sempre necessariamente pluralista e vice-versa. Esta relação inseparável entre pluralismo e liberdade remete, em última instância, a uma doutrina científico constitucional pluralista sem a qual resulta impossível o estabelecimento de uma democracia do tipo plural.[136]

4. O Estado Constitucional Cooperativo e a identidade cosmopolita

Esta posição teórica conduz Häberle a preconizar a necessidade de um Estado constitucional cooperativo firmemente comprometido no desenvolvimento de seus conteúdos axiológicos em nível internacional; um modelo de Estado constitucional que não renuncia a sua implicação direta na ordem internacional e que assume sua implicação direta no complexo emaranhado de relações internacionais. Diante da concepção autárquica do ordenamento jurídico constitucional, Häberle adverte sobre uma nova fase do desenvolvimento do constitucionalismo que ultrapassa as fronteiras estatais e que colide com a velha concepção estanque de soberania territorial, um modelo constitucional em transição, poroso e permeável, sempre aberto as mudanças circunstanciais de um mundo cada vez mais interdependente que transpassa um compromisso solidário em nível inter e supranacional.[137]

Consequentemente, o Estado constitucional cooperativo não se descuida do que acontece ao seu redor, nem é estranho aos problemas que afligem o mundo como globalidade e humani-

---

[136] HÄBERLE, P. *Pluralismo y Constitución...*, op. cit., p. 108-109.

[137] "Estado constitucional cooperativo será pues aquel Estado cuya identidad incluso a nivel internacional se halla dentro de un complejo tejido de relaciones inter y supranacionales, así como en la medida en que toma plenamente conciencia de la colaboración internacional y se responsabiliza también de ella como parte de la propia solidaridad". In: HÄBERLE, P. *Pluralismo y Constitución...*, op. cit., p. 258-259.

dade, antes disso, está implicado de forma ativa na resolução dos problemas que o circunda e mostra uma disposição firme em direção à participação nas instituições supranacionais.[138] Com isso, a identidade política redefine-se mais além de seus próprios limites geográficos, engrandecendo o conteúdo axiológico da própria identidade constitucional e sua dimensão cooperativa no desenvolvimento das relações internacionais, na "abertura em direção ao outro" e na disponibilidade para a prática da solidariedade e para a consolidação da paz:

> El susodicho tipo de Estado constitucional cooperativo es aquel Estado cuya identidad se perfila a través del derecho internacional, de las múltiples relaciones entabladas a nivel suprarregional e internacional, en la colaboración que presta a nivel internacional, en su nivel de responsabilidad y, finalmente, en el grado de predisponibilidad con el que se encuentra listo para practicar la solidaridad acudiendo cada vez que existan situaciones que hagan peligrar la paz mundial.[139]

Em razão disso, o Estado constitucional cooperativo guarda uma aposta pelo desenvolvimento de uma nova ordem internacional, em que o constitucionalismo possa inspirar as relações entre Estados, patrocinando o surgimento de novas estruturas supranacionais de natureza constitucional, sem que isso leve à renúncia de seu próprio perfil e uma abdicação de sua identidade. Vale afirmar que essa identidade é concebida agora de uma perspectiva abertamente integradora e solidária, diante da tentação do isolamento e da exclusão. Desse modo, o esquema interior-exterior dilui-se e se questiona a doutrina sobre a impermeabilidade normativa e o monopólio estatal das fontes do direito. Sua configuração essencialmente cooperativa promove, portanto, um novo modelo de relações em nível internacional partindo de uma nova identidade política desde a imbricação dos Estados com a comunidade de nações e com organismos internacionais e avança, finalmente, mediante ao desenvolvimento de um Estado

---

[138] HÄBERLE, P. *Pluralismo y Constitución...*, op. cit., p. 259. Contudo, este modelo, até agora, não está plenamente desenvolvido, pois padece de estruturas completas, procedimentos, tarefas e competências de modo que sua existência resulta, ainda, imperfeita e fragmentária. In: *"Ahora bien, todo ello no supone obstáculo sino estímulo para seguir en la tarea de consolidar lo que podría ser "el futuro modelo de Estado constitucional cooperativo". In"*: HÄBERLE, P. *Pluralismo y Constitución...*, op. cit., p. 260.

[139] HÄBERLE, P. *Pluralismo y Constitución...*, op. cit., p. 261.

internacional cooperativo até a consecução de um Estado cooperativo comum.[140]

Essa transformação do Estado constitucional é, justamente, a resposta que o constitucionalismo tem que proporcionar à urgência de um mundo interdependente e em contínua mutação. Os desafios da ordem internacional não podem seguir ficando à margem da própria dinâmica dos acontecimentos jurídicos e políticos das democracias contemporâneas. Esta convicção impulsiona Häberle a postular a necessidade de um constitucionalismo renovado capaz de salvar a fratura entre o mundo enquanto globalidade e o Estado de Direito como modelo organizativo em nível de Estado-Nação, permitindo com isso a criação do que Häberle denomina *"um direito comum de cooperação"*.[141] *Por esta via, a identidade constitucional transcende as fronteiras estatais e emerge como o arquétipo inspirador de uma identidade política cooperativa compatível com as próprias identidade particulares:*

> De este modo las Constituciones a nivel de Derecho interno serán cada vez más "comunes", y el vigor del Estado constitucional que así se intenta proyectar al exterior cosechará más éxitos a pesar de la llamada situación negativa que surge ante ciertos casos muy concretos.[142]

O valor da Constituição revela-se, assim, de transcendental importância para a formação de uma identidade política comum. A Constituição como compêndio de valores e como projeção de paradigmas socioculturais que contribui para conformar a identidade política: um centro de convergência, em que se encontram formas culturais, tradições e valores; a Constituição como identidade cultural reflexivamente construída em que descansa um projeto político comum. Desta perspectiva, a Constituição

---

[140] HÄBERLE, P. *Pluralismo y Constitución...*, op. cit., p. 262.

[141] HÄBERLE, P. *Pluralismo y Constitución...*, op. cit., p. 263. Sobre a gestação dessa nova forma de normatividade, Häberle insiste na interpenetração do direito internacional e do direito constitucional, salvando-se, assim, a tradicional relação de oposição entre ambos: O Estado "social cooperativo" não conhece a alternativa do chamado "primado" do Direito internacional nem do Direito interno do Estado, mas sim,, busca relações conjuntas do Direito internacional e as dos ordenamentos constitucionais nacionais internos até o extremo de que parte do Direito interno constitucional e do internacional terminam por se fundir em uma unidade, em um todo comum indivisível". In: HÄBERLE, P.; *Pluralismo y Constitución...*, op. cit.

[142] HÄBERLE, P. *Pluralismo y Constitución...*, op. cit.

se apresenta como o elemento central de uma identidade com ânimo cosmopolita que foge da exaltação acrítica dos sentimentos. A identidade constitucional é, essencialmente, cultural, mas culturalmente reflexiva. Não se constrói à margem da razão, nem é somente razão. Não exclui a história, mas tão pouco se dilui nela: sua vocação de permanência, sua "constituição" axiológica, projeta-se em direção ao futuro. Castells, no livro *A era da informação* distingue três modelos de identidade coletiva:

a) A *identidade legitimadora*, que pretende proporcionar um fundamento ao *status quo*, dando suporte a uma determinada exaltação institucional, legitimando, em suma, uma ordem préexistente.

b) A *identidade de resistência*, cuja origem tem de ser buscada nos excluídos, naqueles que ocupam posições desvalorizadas ou estigmatizadas pela lógica da dominação; é a identidade das trincheiras, dos rebeldes, dos que não se rendem, dos combatentes que não querem assumir uma ordem inócua com que se identificam.

c) A *identidade projeto* que se produz quando os atores sociais, baseando-se nos materiais culturais de que dispõe, constroem uma nova identidade que lhes projeta em direção ao futuro na redefinição da organização social.[143] Trata-se de uma identidade que busca transformar o real olhando diretamente até o futuro: construindo-o desde agora, sem renunciar a história e a cultura, mas também sem assumi-las acriticamente. A identidade política constitucional se funda, assim, em um elemento nuclear de uma identidade projeto, uma identidade comprometida com a razão, com o homem, com a história e com a cultura, tanto como com a liberdade, com a igualdade, com a justiça e com os direitos humanos.

Aqui reside, precisamente, o valor da Constituição na era da globalização: a norma fundamental como elemento articulador da identidade política reflexiva e da cultura jurídica. Uma identidade política que demanda a realização de certos valores em nível universal e cujo substrato ilustrado aponta em direção ao ideal cosmopolita de uma democracia mundial. Dessa forma,

---

[143] CASTELLS, M. *La Era de la Información. Economía, Sociedad y Cultura*, vol. 2: El Poder de la Identidad. Madrid: Alianza, 1998, p. 29-30.

o tema não é, propriamente, original: existe toda uma vasta literatura sobre o constitucionalismo cosmopolita. A metáfora dos rios de tinta não constitui nenhuma hipérbole. A altura dos tempos atuais, a ordem internacional estabelecida pela paz de Westfália, que descansava sobre a figura do Estado-Nação como ator exclusivo do direito das gentes, entrou já em uma crise irreversível e nada permite pressentir que a situação possa experimentar retrocessos. A crise do Estado moderno traduz-se em crise de um sistema jurídico-político, de sorte que a crise do constitucionalismo no contexto da globalização encobre outra mais profunda, a do próprio Estado como modelo articulador das relações jurídicas e políticas: uma crise que revela, portanto, a insuficiência do modelo estatal para responder as urgências do momento presente. Por isso, a invocação de um constitucionalismo cosmopolita não é um mero exercício de utopismo, mas sim a consequência da uma constatação. Salvar a Constituição e o direito como elementos racionalizadores da vida social, política e econômica exige superar os estreitos limites do modelo estatal.[144]

Esta necessidade urgente não pode construir-se, no entanto, à margem da recuperação efetiva da legitimidade democrática. Por isso, todo esforço expansivo do constitucionalismo mais além dos reduzidos marcos políticos estatais há de descansar sobre uma articulação plena do princípio democrático. Do contrário, estar-se-á utilizando a Constituição como cobertura legitimadora de uma ordem econômica global que escapa a todo controle político. Tem razão De Veja quando enfatiza este aspecto: o impacto da globalização sobre o constitucionalismo tem de ser medido em termos de crise do princípio democrático. Assiste-se a um fenômeno duplo e contraditório: por um lado, a economia se expande e o capital se concentra, criando um único espaço econômico e social; por outro lado, a política se reduz e se subordina à lógica do capital, a cidadania perde poder de decisão, a democracia se enfraquece e se faz patente a crise de legitimidade. O grande paradoxo da fragmentação política na era da globalização econômica é consequência de um processo de

---

[144] Para uma visão retrospectiva do Estado nacional e um balanço de suas perspectivas de futuro no contexto global, consultar: HABERMAS, J. "El Estado nacional europeo. Sobre el pasado y el futuro de la soberanía y la ciudadanía". In: HABERMAS, J. *La inclusión del otro. Estudios de teoría política*. Barcelona: Paidós, 1999.

sujeição da política aos ditames da razão instrumental. Os efeitos destruidores da globalização sobre a cidadania, a democracia e o constitucionalismo não podem ser atenuados com exacerbados proclamas cosmopolitas: um constitucionalismo que não seja sensível às necessidades de recuperar a política para os cidadãos pode ser, simplesmente, um constitucionalismo vazio, suscetível de ser levado pelos critérios de quem maneja os meios ocultos do poder econômico.

Com isso, a tensão do constitucionalismo clássico entre Constituição material e formal, entre norma e realidade, desaparece com a eliminação arbitrária de um dos elementos objeto da confrontação:

> Ya no se trata simplemente de resolver la dificultad que entraña el hacer valer una normativa frente a una realidad constitucional poderosa y resistente a dejarse domeñar por el Derecho. El verdadero problema estriba en que, como consecuencia de la mundialización económica, una serie de poderes políticos reales que la Constitución debería controlar se convierten en poderes ocultos, y las agresiones a sus normas en fatales y misteriosos acontecimientos del destino.[145]

Esta patente perda de vigência da normatividade constitucional é um sólido aliado para os líderes do capitalismo global, que encontram o caminho perfeito para redesenhar a ordem social de acordo com as exigências técnicas do sistema econômico à margem de todo controle democrático. Este constitucionalismo suavizado, baseado em uma falsa realidade ou ocultamento de poderes anônimos e difusos está se transformando *"na autêntica Constituição material de todos os Estados"*.[146] Urge, assim,

---

[145] DE VEGA GARCÍA, P. "Mundialización y Derecho Constitucional: la crisis del principio democrático en el constitucionalismo actual". In: *Revista de Estudios Políticos, nueva época*, 100, abril/junio de 1998, p. 34.

[146] DE VEGA GARCÍA, P. "Mundialización y Derecho Constitucional: la crisis del principio democrático...*, op. cit.*, p. 13-56. Conforme especialmente p. 13-17, 25-36. A citação procede da página 34. Na opinião de De Vega o progressivo deslocamento do princípio democrático dentro da Constituição foi produzido em benefício do princípio liberal, o que acaba por refletir um desajuste entre ambos princípios, acarretando graves consequências. O desvio do princípio democrático retira a Constituição de sua *humus* social como expressão legítima de uma vontade popular e a substitui por uma referência inexistente, a ideia de sociedade aberta, como se dita realidade fosse um *a priori*, algo dado de uma vez e para sempre, e não um processo resultante de uma determinada história e posterior em todo caso à conformação democrática da sociedade através da Constituição: *"Al suprimir la noción de poder constituyente, por considerarla una abstracción metafísica, y al reemplazarla, desde un pretendido realismo histórico, por la*

recuperar o sentido original do constitucionalismo como expressão de legitimidade democrática, na qual se fundamenta e da qual procede: a Constituição como expressão de uma vontade cidadã vigorosa cuja participação conforma os perfis da política e da legitimidade, uma Constituição ancorada historicamente nas demandas e valores expressados pelo povo e que se constitui no elemento conformador da emancipação do autogoverno. Restabelecer esse nexo é uma tarefa urgente. Com isso, pretende-se que a Constituição possa atuar efetivamente como elemento nuclear, oferecendo uma resposta sólida e enérgica à expansão irrefreada da economia na era da globalização.

A sobrevivência do constitucionalismo, enquanto compromisso axiológico substantivo diante das investidas do capitalismo global, reclama empenhos supranacionais. A via do cosmopolitismo constitucional não pode manifestar-se apenas na redução da pluralidade em uma homogeneidade artificial e forçada. Não se trata, portanto, de suprimir os complexos ordenamentos jurídicos estatais, mas sim de articular mecanismos válidos de interpretação e interdependência. Diante da velha e ultrapassada imagem da Constituição como ápice de um ordenamento jurídico autárquico e autossuficiente, reivindica-se a Constituição como elemento articulador de complexas redes de normas interdependentes, capaz de evitar que as exigências fáticas dos mutantes fluxos normativos transnacionais vulnerem as exigências normativas dos valores constitucionais. Um modelo de Constituição baseado na interdependência, e não sobre a autarquia do sistema jurídico, e que recupere os espaços públicos para a cidadania mediante reformas institucionais que façam efetiva a vigência do princípio democrático.

O projeto de uma Constituição cosmopolita trata de assegurar a plena realização dos direitos humanos através de um completo sistema de garantias, inspirando-se nas exigências normativas da Declaração Universal de Direitos Humanos, no pacto internacional de direitos civis e políticos e no pacto internacional

---

noción mítica de "la sociedad abierta" cuyos límites espaciales y cuya localización real se hacen imposibles de determinar, la Teoría Constitucional comenzará su andadura con la proclamación casi religiosa de un auténtico auto de fe. Nadie ha podido decir todavía dónde se encuentra esa nueva Arcadia de la libertad bautizada por Popper como 'sociedad abierta'. Frente a ella, por el contrario, lo que el mercado mundial ofrece es el hobbesiano bellum omnium contra omnes". Ob. cit., p. 52.

de direitos econômicos, sociais e culturais.[147] Esse novo constitucionalismo deveria articular-se a partir de quatro grandes contratos mundiais que formariam as bases de um direito global capaz de abordar com determinação os problemas do mundo contemporâneo. Esses quatro compromissos são os seguintes:

a) Um *contrato global para satisfação das necessidades básicas*, que permitisse a supressão de desigualdades socioeconômicas ilegítimas. A realização deste objetivo demandaria uma reestruturação profunda da ordem econômico mundial e de suas instituições emblemáticas, como o Fundo Monetário Internacional, o Banco Mundial e a Organização Mundial do Comércio.

b) Em segundo lugar, haveria que subscrever um *contrato global para a paz, a tolerância e o diálogo entre culturas*, que exigirá a articulação de um modelo de direitos humanos capaz de combinar universalismo e multiculturalidade.

c) É necessário, também, um *contrato planetário sobre o desenvolvimento sustentável,* que restabeleça a harmonia entre progresso e natureza, entre técnica e vida. A continuidade da espécie humana e do conjunto do planeta somente estará assegurada mediante uma exploração racional dos recursos e um modelo de desenvolvimento que garanta o direito às gerações futuras e uma vida digna.

d) Por último, tudo que foi mencionado anteriormente seria infrutífero sem um *contrato global democrático para um novo regime político internacional*, que reabilite os canais de participação democrática em nível supranacional, projetando-se até instâncias federais de integração política.[148]

O mero fato de sugerir que este objetivo possa se realizar a médio prazo guarda uma dose de atrevimento difícil de se negar. Não se cometerá esse erro; antes disso, é necessário cuidado na administração de presságios e expectativas. No entanto, não

---

[147] PISARELLO, G. "Globalización, constitucionalismo y derechos: las vías del cosmopolitismo jurídico". In: DEL CABO, A.; PISARELLO, G. (eds.) *Constitucionalismo, mundialización y crisis del concepto de soberanía. Algunos efectos en América Latina y en Europa.* Alicante: Universidad de Alicante, 2000, p. 38.

[148] PETRELLA, R. (dir.). *Limits à la competitivité . Por un nouveau contrat mondial,* Labor, Bruxelles, 1995, p. 204 ss., cit. por PISARELLO, G. "Globalización, constitucionalismo y derechos: las vías del cosmopolitismo jurídico", op. cit., p. 38-45.

se abdicará do valor que a Constituição ostenta na organização social a partir da conformação de vínculos e modelos culturais. A Constituição como formadora de cultura pode ser o veículo através do qual se consolida uma identidade política reflexiva que reinstaure os valores da modernidade, liberados agora das amarras do modelo técnico-burocrático da modernização, baseado nos moldes teórico-filosófico da modernidade. Por isso, erra quem reserva meramente um papel simbólico ao imaginário social, pois esquece sua dimensão criadora de cultura e realça sua dimensão na manutenção de identidades. Uma e outra faceta desempenham uma função absolutamente importante: a primeira, enquanto permite criar arquétipos culturais, a segunda, enquanto formadora da coesão social em torno de uma identidade comum. Porém, resulta de singular transcendência o papel que a Constituição pode desempenhar na criação de modelos culturais compartilhados que lançam a semente do ideal cosmopolita. Ali, onde os valores e a cultura constitucional cria seus próprios modelos específicos, a Constituição não é pura convenção política, mas sim um subproduto cultural emanado da própria identidade. Nestes casos não há osmose de tradições constitucionais alheias implantadas através da força, mas sim a Constituição expressa uma identidade cultural que lhe da vida, ao mesmo tempo que contribui para transformar essa realidade cultural mediante o estabelecimento de novas formas culturais abertas e plurais. A Constituição formadora de cultura é o melhor veículo para expansão do ideal cosmopolita.

A crise de soberania que afeta o Estado alcança em cheio a Constituição. A crise de legitimidade do próprio Estado é, também, um ataque contra a Constituição. No entanto, os males da Constituição somente podem ser sanados com doses crescentes de democracia (que permitam encarar com êxito o avanço de legitimidade da norma fundamental nas sociedades contemporâneas) e com mais Constituição (isto é, com a credibilidade das garantias constitucionais e com um fortalecimento das estruturas jurídicas constitucionais em nível nacional e supranacional). A resposta à crise da Constituição como norma suprema dos ordenamentos democráticos não pode ser outra que não o fortalecimento dos mecanismos democráticos e dos conteúdos substantivos da própria Constituição a partir de sua extensão até marcos jurídicos supranacionais. A globalização introduz desafios que inquietam e incertezas que atordoam. Afrontá-las requer uma atitude decisiva pela elaboração de respostas institucionais nos âmbitos jurídico, político econômico. Deter seu avanço incontrolável é, simplesmente, inútil. Como observou Giddens, a única resposta certa é a aposta na construção de formas transnacionais de democracia: *"Levar a globalização a sério significa que a democratização não pode estar limitada ao âmbito nacional."*[149] Nesta tarefa o constitucionalismo cumpre um papel de primeira ordem como substrato cultural sobre o qual se deve construir o projeto cosmopolita.

---

[149] GIDDENS, A. *La tercera vía y sus críticos*. Madrid: Taurus, 2001, p. 170-171.

Referências

ALEXANDER, L. *Constitutionalism. Philosophical Foundations.* Cambridge: Cambridge Univesity Press, 1998.

——. *Legal Rules and Legal Reasoning.* Ashgate: Aldershot, 2000.

AMIN, S. *El capitalismo en la era de la globalización.* Barcelona: Paidós, 1999.

ANDRÉS IBÁÑEZ, P. "No conviene 'matar' al 'notario'. A propósito de jurisdicción y derecho dúctil (en España)". In: *Anuario de Filosofía del Derecho*, XIII, 1996.

ANSUÁTEGUI ROIG, J. *Poder, Ordenamiento jurídico, derechos.* Madrid: Dykinson-Universidad Carlos III, 1997.

ARTOLA, M. *Constitucionalismo en la historia.* Barcelona: Crítica, 2005.

ASÍS ROIG, R. DE. *Una aproximación a los modelos de Estado de Derecho.* Madrid: Dykinson-Universidad de Jaén, 1999.

BECK, U. *¿Qué es la Globalización?* Falacias del Globalismo, respuestas a la Globalización. Barcelona: Paidós, 1998.

BELLAMY, R.; CASTIGLIONE, D. (EDS.). *Constitutionalism in transformation*: European and Theoretical Perspectives. Oxford: Blackwell, 1996.

CAMPBELL, D.; LEWIS, N. D. *Promoting Participation: Law or Politics?* London: Cavendish, 1999.

CARBONELL, M. (ED.). *Neoconstitucionalismo(s).* Madrid: Trotta, 2005.

——. (comp.). *Teoría de la Constitución. Ensayos Escogidos.* 3ª ed. México: Porrúa-UNAM, 2005.

CASTELLS, M. *La Era de la Información. Economía, Sociedad y Cultura*, vol. 2: El Poder de la Identidad. Madrid: Alianza, 1998.

CAVANAGH, J.; WYSHAM, D.; ARRUDA, M. (EDS.). *Alternativas al orden económico global. Más allá de Bretton Woods.* Barcelona: Icaria, 1994.

COELHO, L. F. *Teoria Crítica do Direito*, 2ª edic. Porto Alegre: Sergio Antonio Fabris, 1991.

COMANDUCCI, P. "Formas de (Neo)constitucionalismo: un análisis metateórico". In: CARBONELL, M. (ED.). *Neoconstitucionalismo(s)*, op. cit.

COX, R. W. "Democracy in Hard Times: Economic Globalization and the Limits to Liberal Democracy". In: MCGREW, A. (ED.). *The Transformation of Democracy?*, Cambridge: Polity Press, 1997.

DE JULIOS-CAMPUZANO, A.; La globalización ilustrada. Ciudadanía, Derechos humanos y Constitucionalismo. Madrid: Dykinson, 2003.

——. *Dimensiones jurídicas de la globalización.* Madrid: Dykinson, 2007.

——. "Globalización, Pluralismo jurídico y Ciencia del Derecho". In: De Julios-Campuzano. A. *Dimensiones jurídicas de la globalización*, op. cit.

Constitucionalismo em tempos de globalização

DE VEGA GARCÍA, P. "Mundialización y Derecho Constitucional: la crisis del principio democrático en el constitucionalismo actual". In: *Revista de Estudios Políticos*, nueva época, 100, abril/junio de 1998.

——. "Apuntes para una historia de las doctrinas constitucionales del siglo XX". In: CARBONELL, M. (comp.). *Teoría de la Constitución. Ensayos Escogidos*, op. cit.

DEL CABO, A.; PISARELLO, G. (EDS.), Constitucionalismo, mundialización y crisis del concepto de soberanía. Algunos efectos en América Latina y en Europa. Alicante: Universidad de Alicante, 2000.

DREIFUSS, R. A. A Época das Perplexidades. Mundializaçao,Globalizaçao e Planetarizaçao: Novos Desafios, 3ª ed. Petrópolis: Vozes, 1999.

DUNNE, T.; WHEELER, N. J. *Human Rights in Global Politics*. Cambridge: University Press, 1999.

FALK, R. "The challenge of genocide and genocidal politics in an era of globalisation". In: DUNNE, T.; WHEELER, N. J. *Human Rights in Global Politics*, op. cit.

FARIA, J. E. *O Direito na economia globalizada*. São Paulo: Malheiros, 2000.

FARIÑAS DULCE, M. J. *El problema de la validez jurídica*. Madrid: Civitas, 1991.

FERNÁNDEZ GARCÍA, E. "El patriotismo constitucional". In: PECES-BARBA MARTÍNEZ, G.; RAMIRO AVILÉS, M. A. *La Constitución a examen. Un estudio académico 25 anos después.* Madrid: Marcial Pons, 2004.

FERRAJOLI, L. *Derechos y garantías. La ley del más débil*. Madrid: Trotta, 1999.

——. "Pasado y futuro del Estado de Derecho". In: CARBONELL, M. (ed.). *Neoconstitucionalism o(s)*. Madrid: Trotta, 2005..

——. *Epistemología Jurídica y Garantismo*. 1ª reimpr. México: Fontamara, 2006.

——. *Garantismo*. Una discusión sobre derecho y democracia. Madrid: Trotta, 2006.

FERRARESE, M. R. *Le istituzioni della globalizzazione*. Diritto e diritti nella società trasnazionale. Bologna: Il Mulino, 2000.

FIORAVANTI, M. *Los derechos fundamentales*. Apuntes de historia de las constituciones. Madrid: Trotta, 1996.

——. *Constitución*. De la Antigüedad a Nuestros días. Madrid: Trotta, 2001.

GARCÍA AMADO, J. A. "¿Ductilidad del Derecho o exaltación del juez? Defensa de la ley frente a (otros) valores y principios". In: *Anuario de Filosofía del Derecho*, XIII, 1996.

GARCÍA, S.; LUKES, S. (COMPS.). *Ciudadanía: justicia social, identidad y participación*. Madrid: siglo XXI de España, 1999.

GASCÓN ABELLÁN, M. "Presentación: la concepción del Derecho en *El Derecho dúctil*". In: Anuario de Filosofía del Derecho, XIII, 1996.

GIDDENS, A. *La tercera vía y sus críticos*. Madrid; Taurus, 2001.

GÓMEZ, J. M. *Política e democracia em tempos de globalização*. Petrópolis: Vozes, 2000.

GOMES CANOTILHO, J. J. "¿Revisar la/o romper con la constitución dirigente? Defensa de un constitucionalismo moralmente reflexivo". *Revista Española de Derecho Constitucional*, Año XV, 43, enero-abril de 1995.

——. *Teoria de la Constitución*. Madrid: Dykinson-Universidad Carlos III, 2004.

GRASSO, GRASSO, Pietro Giuseppe. *El problema del constitucionalismo después del Estado moderno*. Madrid: Marcial Pons, 2005.

GRIMM, D. *Constitucionalismo y Derechos Fundamentales*. Madrid: Trotta, 2006.

——. "El futuro de la Constitución". In: GRIMM, D.; *Constitucionalismo y derechos fundamentales*. Madrid: Trotta, 2006.

GROSSI, P. *Mitología jurídica de la modernidad*. Madrid: Trotta, 2003.

GUASTINI, R. "Derecho dúctil, derecho incierto". In: *Anuario de Filosofía del Derecho*, XIII, 1996.

——. "Los principios en el derecho positivo". In: GUASTINI, R.; *Distinguiendo. Estudios de teoría y metateoría del derecho*. Barcelona: Gedisa, 1999.

——. "La constitucionalización del ordenamiento jurídico: "el caso italiano". In: CARBONELL, M. (ED.); *Neoconstitucionalismo(s)*. Madrid: Trotta, 2005.

HÄBERLE, P. "Derecho Constitucional Común Europeo". In PÉREZ LUÑO, A. E. *Derechos humanos y Constitucionalismo ante el tercer milenio*. Madrid: Marcial Pons, 1996.

——. Libertad, igualdad y fraternidad. 1789 como historia, actualidad y futuro del Estado constitucional. Madrid: Trotta, 1998.

——. Teoría de la Constitución como ciencia de la cultura. Madrid: Tecnos, 2000.

——. *Pluralismo y Constitución*. Estudios de Teoría Constitucional de la sociedad abierta. Madrid: Tecnos, 2002.

HABERMAS, J. "Patriotismo de la constitución, en general y en particular". In: HABERMAS, J. *La necesidad de revisión de la izquierda*. Madrid: Tecnos, 1991.

——. "El Estado nacional europeo. Sobre el pasado y el futuro de la soberanía y la ciudadanía". In: HABERMAS, J. *La inclusión del otro. Estudios de teoría política*. Barcelona: Paidós, 1999.

HELD, D. *La democracia y el orden global*. Del Estado moderno al gobierno cosmopolita. Barcelona: Paidós, 1997.

IANNI, O. *A era do globalismo*. Rio de Janeiro: Civilizaçao Brasileira, 1999.

JIMÉNEZ ASENSIO, R. *El constitucionalismo*. Proceso de formación y fundamentos del derecho constitucional, 3ª edic. Madrid: Marcial Pons, 2005.

LAPORTA, F. J. "Teoría y realidad de la legislación: una introducción general". In: MENÉNDEZ MENÉNDEZ, A.; PAU PADRÓN, A.(EDS.). *La proliferación legislativa: un desafío para el Estado de Derecho*. Madrid: Thomson-Civitas, 2004.

LEWIS, N. D. *Choice and the Legal Order*. Rising above Politics. London: Butterworths, 1996.

——. "The constitutional implications of participation". In: CAMPBELL, D.; LEWIS, N. D.; *Promoting Participation: Law or Politics?* London: Cavendish Publishing, 1999.

LUCAS VERDÚ, P. *Teoría de la Constitución como Ciencia Cultural*. Madrid: Dykinson, 1997.

MAcCORMICK, N. *Constructing Legal Systems. "European Union" in Legal Theory*. Dordrecht: Kluwer Academic Publishers, 1997.

MCGREW, A. (ED.). *The Transformation of Democracy?* Cambridge: Polity Press, 1997.

McILWAIN, C. H. *Constitutionalismo antiguo y moderno*. Madrid: Centro de Estudios Constitucionales, 1991.

MATTEUCCI, N. *La Rivoluzione americana: una rivoluzione costituzionale*. Bologna: Il Mulino, 1987.

——. *Organización del poder y libertad*: historia del constitucionalismo moderno. Madrid: Trotta, 1998.

MENÉNDEZ MENÉNDEZ, A.; PAU PADRÓN, A.(EDS.). *La proliferación legislativa: un desafío para el Estado de Derecho*. Madrid: Thomson-Civitas, 2004.

MERCADER UGUINA, J. R. "Sistema de fuentes y globalización". In: *Revista Española del Derecho del Trabajo*, 119, 2003.

MONTES, P. *El desorden neoliberal*. Madrid: Trotta, 1996.

OLLERO TASSARA, A. *¿Tiene razón el derecho? Entre método científico y voluntad política*. Madrid: Congreso de los Diputados, 1996.

PALOMBELLA, G. *Constitución y Soberanía*. El sentido de la democracia constitucional. Granada: Comares, 2000.

PECES-BARBA MARTÍNEZ, G.; RAMIRO AVILÉS, M. A.; *La Constitución a examen. Un estudio académico 25 anos después*. Madrid: Marcial Pons, 2004.

PECES-BARBA, G. "Socialismo y libertad". In: *Libertad. Poder. Socialismo*. Madrid: Civitas, 1978.

———. Epílogo "Desacuerdos y acuerdos con una obra importante". In: ZAGREBELSKY, G. *El derecho dúctil. Ley, derechos, justicia*. Madrid: Trotta, 1992.

———. "La Constitución en la cultura política y jurídica moderna". In: PECES-BARBA MARTÍNEZ, G.; RAMIRO AVILÉS, M. A.; *La Constitución a examen. Un estudio académico 25 anos después*. Madrid; Barcelona: Marcial Pons, 2004.

PÉREZ LUÑO, A. E. *Derechos Humanos, Estado de Derecho y Constitución*. Madrid: Tecnos, 1984.

———. *El desbordamiento de las fuentes del derecho*. Discurso de ingreso en la Real Academia Sevillana de Legislación y Jurisprudencia, Sevilla, 1993.

———. (ed.). *Derechos humanos y constitucionalismo ante el tercer milenio*. Madrid: Marcial Pons, 1996.

———. "Derechos humanos y constitucionalismo en la actualidad: ¿continuidad o cambio de paradigma?". In: PÉREZ LUÑO, A. E. (ed.). *Derechos humanos y constitucionalismo ante el tercer milenio*. Madrid: Marcial Pons, 1996.

———. E. "Itinerarios del derecho público". In: *Trayectorias contemporáneas de la Filosofía y de la Teoría del Derecho*. Sevilla: Innovación Editorial Lagares, 2003.

———. *La tercera generación de derechos humanos*. Madrid: Thomson-Aranzadi, 2006.

———. "Los derechos humanos en la sociedad global". In: PÉREZ LUÑO, A. E. *La tercera generación de derechos humanos*. Panplona: Editorial Aranzadi, 2006.

PETRELLA, R. (DIR.). *Limits à la competitivité*. Por un nouveau contrat mundial. Bruxelles: Labor, 1995.

PISARELLO, G. "Globalización, constitucionalismo y derechos: las vías del cosmopolitismo jurídico". In: DEL CABO, A. y PISARELLO, G. (EDS.), *Constitucionalismo, mundialización y crisis del concepto de soberanía. Algunos efectos en América Latina y en Europa*. Alicante: Universidad de Alicante, 2000.

PRIETO SANCHÍS, L. "El constitucionalismo de principios, ¿entre el positivismo y el iusnaturalismo? (A propósito de *El Derecho dúctil* de Gustavo Zagrebelsky)".In: *Anuario de Filosofía del Derecho*, XIII, 1996.

———. *Constitucionalismo y Positivismo*. México: Fontamara, 1997.

———. *Justicia constitucional y derechos fundamentales*. Madrid: Trotta, 2003.

———. "Neoconstitucionalismo y ponderación judicial". In: CARBONELL, M. *Neoconstitucionalismo (s)*. Madrid: Trotta, 2005.

PROCACCI, G. "Ciudadanos pobres, la ciudadanía social y la crisis del Estado del bienestar". In: GARCÍA, S.; LUKES, S. (COMPS.). *Ciudadanía: justicia social, identidad y participación*. Madrid: Siglo Veintiuno de España Editores, 1999.

REBUFFA, G. *Costituzioni e Costituzionalismi*. Torino: Giappichelli, 1990.

RUBIO LLORENTE, F. "La constitución como fuente del derecho". In: CARBONELL, M. (comp.). *Teoría de la Constitución. Ensayos Escogidos*. Madrid: Trotta, 2007.

SASTRE ARIZA, S. *Ciencia jurídica positivista y neoconstitucionalismo*. Madrid: McGraw Hill, 1999.

SOROS, G. *La crisis del capitalismo global*. La sociedad abierta en peligro. Madrid: Debate, 1999.

SOUSA SANTOS, B. de. *La globalización del derecho. Los nuevos caminos de la regulación y la emancipación*. Bogotá: Universidad Nacional de Colombia/Instituto Latinoamericano de Servicios Legales Alternativos, 1998.

——. *Reinventar la democracia*. Reinventar el Estado. Madrid: Sequitur, 1999.

——. *A crítica da razão indolente*. Contra o deperdício da experiência. São Paulo: Cortez. 2000.

STERNBERGER, D. *Patriotismo constitucional*. Bogotá: Universidad Externado de Colombia, 2001.

TARELLO, G. *Cultura jurídica y política del Derecho*. México: F. C. E., 1995.

THOMPSON, G. "Economic autonomy and advanced industrial State". In: Macgrew, A. *Global Politics, Globalization and the Nation-State*. Cambridge: Polity Press, 1993.

VAN DER KERCHOVE, M.; OST, F. *Legal System. Between order and disorder*, Oxford: University Press, 1994.

VV.AA. *Nuestra comunidad global*. Informe de la Comisión de Gestión de los Asuntos Públicos Mundiales. Madrid: Alianza, 1995.

WALKER, N. "The Idea of Constitutional Pluralism". Florencia: EUI Working Papers, European University Institute, 2002/1.

ZAGREBELSKY, G. *El derecho dúctil*. Ley, derechos, justicia. Madrid: Trotta, 1995.

——. "La constitución y sus normas". In: CARBONELL, M. (comp.), *Teoría de la Constitución. Ensayos escogidos*. Madrid: Trotta, 2007.

——. *Historia y Constitución*. Madrid: Trotta, 2005.

——. *Fragilità e forza dello Stato costituzionale*. Napoli: Università degli Studi Suor Orsola Benincasa-Editoriale Scientifica, 2006.

Impressão:

Evangraf
Rua Waldomiro Schapke, 77 - P. Alegre, RS
Fone: (51) 3336.2466 - Fax: (51) 3336.0422
E-mail: evangraf.adm@terra.com.br